S'ADAPTER OU PÉRIR

DU MÊME AUTEUR
AUX MÊMES ÉDITIONS

Le choc du futur
Éco-spasme
La troisième vague
Les cartes du futur

Alvin Toffler

S'adapter ou périr

L'entreprise face au choc du futur

TRADUIT DE L'AMÉRICAIN
PAR MICHEL DEUTSCH

Denoël

Titre original :
THE ADAPTIVE CORPORATION
(McGraw-Hill Book Company)

ISBN 0-07-064966-9

19, rue de l'Université, 75007 Paris
ISBN 2-207-23194-1

Préface

Note à l'usage du lecteur étranger

Nous sommes en train de vivre une crise du « management » qui nous contraint à remettre en question les méthodes et les structures, la mission et la raison d'être de nos plus grosses sociétés. L'objet de ce livre est de montrer comment la plus importante entreprise privée du monde a fait front à la crise de management la plus sévère qu'elle eût connue depuis sa fondation, il y a trois quarts de siècle. Cette société, la American Telephone and Telegraph Company, avait charge de créer et faire fonctionner le réseau téléphonique le plus vaste et le plus avancé de la planète.

Les U.S.A. furent le premier pays où pratiquement chaque foyer possédait un poste téléphonique. A.T.T., monopole protégé par le gouvernement, assurait le raccordement au réseau de la nation tout entière. Aujourd'hui, les U.S.A. ont été le premier pays à faire éclater le monopole des télécommunications. Et le premier, aussi, à estimer que, dans l'avenir, un système de télécommunications radicalement décentralisé et compétitif serait la solution la mieux adaptée aux intérêts de la société.

Comme un seul homme, les tribunaux des Etats-Unis ont tranché : ce qui avait été A.T.T. (plus familièrement appelée *Ma Bell* ou la *Bell System* par les Américains) cesserait désormais d'être un monolithe pour se scinder en sept compagnies régionales ayant chacune de nombreuses succursales.

Avant cet éclatement majeur, A.T.T. était la propriété de 3 100 000 actionnaires. Elle était soumise à d'étroites réglementations, tant au niveau national qu'aux niveaux régional et local. Contrairement à d'autres entreprises téléphoniques existant à l'étranger, elle n'avait ni de fonctions postales ni de fonctions financières. Et pourtant, elle employait 976 000 personnes, gérait les réseaux téléphoniques courte et longue distances, fabriquait elle-même son matériel et ses équipements, et disposait du centre de recherches industriel le plus avancé et le plus productif du monde : les Bell Labs qui employaient, notamment, de nombreux Prix Nobel.

La taille d'A.T.T. est, à présent, considérablement réduite. Elle a toujours ses 3 100 000 actionnaires mais ses effectifs ne sont plus que de 370 000 employés. (La plupart des 606 000 autres ont été répartis entre les sept compagnies régionales.) En outre, au lieu de bénéficier de la rente de situation que lui conférait son statut de monopole protégé, elle doit mener une lutte farouche contre nombre d'autres entreprises de communications concurrentes, y compris ses sept rejetons, à présent indépendants et « agressifs », qui s'efforcent chacun de mettre au point des technologies hautement sophistiquées afin de satisfaire aux nouvelles exigences de la clientèle en matière de télécommunications.

Le système de communications nouvelle manière est encore ébranlé après cette restructuration considérable dont toutes les conséquences n'apparaîtront clairement que dans bien des années. Mais ce qui se passe aux Etats-Unis a déjà, à différents degrés, sa réplique dans beaucoup de pays étrangers. Aujourd'hui, la Grande-Bretagne, le Japon, l'Allemagne de l'Ouest, la France et d'autres nations techniquement avancées cherchent à restructurer, elles aussi, leur système de communications tout en réfléchissant à la façon d'aborder le problème de sa gestion. La British Telecom, la Nippon Telephone, les services des P.T.T. de toutes les grandes nations sont l'objet de mutations déchirantes dont l'ampleur dépasse toutes les refontes qui sont intervenues depuis la création de ces institutions.

Des transformations aussi profondes ne sont pas simplement la conséquence de changements de cap politiques ou idéologiques : elles sont le fruit de percées fondamentales, tant dans le domaine de la technologie que dans celui de l'économie. C'est ainsi, par exemple, que le coût de la transmission des messages longue distance par satellites ou par micro-ondes a baissé beaucoup plus rapidement que celui de l'acheminement des mêmes messages d'un immeuble à l'autre dans la même ville. Le développement de l'informatique et la dilution de la frontière entre informatique et communication, le besoin de collecter les données sous des formes d'une incroyable diversité, le transfert image et vocal, l'explosion de l'informatisation dans le secteur industriel, ont tous joué un rôle plus déterminant que les orientations politiques nationales pour imposer la restructuration des services téléphoniques.

Et si, à première vue, il semble que ces questions n'intéressent que la seule industrie du téléphone, le fait est là : aucune compagnie — et aucune économie nationale — n'échappera à la révolution des moyens de communications dont l'éclatement de la Bell est une des pierres d'angle. En vérité, rares seront les grosses sociétés industrielles, qu'elles fassent ou non partie de l'industrie de la communication, qui pourront survivre dans les prochaines années sans avoir à affronter le traumatisme du changement.

Nous sommes tous emportés par la révolution la plus profonde et la plus accélérée qui ait eu lieu depuis l'invention de la hache de silex. C'est la raison pour laquelle la capacité de s'adapter à de violents bouleversements technopolitiques est devenue l'impératif premier de la survie pour les managers de tous les pays. Le présent ouvrage est l'illustration spectaculaire de cette inéluctable nécessité.

ALVIN TOFFLER

Pour Heidi

Prologue

Le musée des dinosaures

Ce petit livre s'adresse à ceux qui entendent survivre — aux dirigeants d'entreprises prêts à promouvoir des changements drastiques. Toutes les compagnies confrontées à la nécessité de réexaminer leurs objectifs et de se restructurer y trouveront leur miel.

Certaines firmes sont d'ores et déjà irrémédiablement condamnées — ce sont des dinosaures organisationnels, des sociétés dépourvues de capacités d'adaptation dont beaucoup auront disparu en l'an 2000, et la fin du siècle est pour bientôt. Des entreprises dont le nom est sur toutes les lèvres et dont les produits sont réputés, des entreprises dont l'actif se chiffre en milliards de dollars, qui emploient des dizaines, voire des centaines, de milliers de salariés, des entreprises qui ont une cote enviable en Bourse et dont la place sur le marché paraît être inattaquable — toutes sont menacées.

Pour beaucoup d'entre elles, les années 1955-1970 ont été une période de croissance linéaire quasi ininterrompue dans un environnement caractérisé par sa stabilité. Dans de telles conditions, la formule de l'adaptation est relativement simple. Les dirigeants sont considérés comme ouverts — et, très souvent, ils le sont — quand ils se contentent de « faire pareil en plus grande quantité ».

Mais les temps ont changé et cette stratégie linéaire est devenue génératrice de catastrophes. Et ce pour une raison qui saute aux yeux : cessant d'être prévisible et sans surprise, l'environnement est désormais de plus en plus instable, de plus en plus révolutionnaire et il se modifie à un rythme toujours accéléré. Dans une pareille situation, toute organisation est extrêmement vulnérable aux forces ou aux pressions extérieures. Voilà pourquoi les managers doivent apprendre à tenir compte de forces non linéaires — c'est-à-dire de conjonctures telles qu'une chiquenaude soit capable de provoquer des résultats de vaste amplitude, et *vice versa.*

C'est, en conséquence, d'un nouveau leadership que l'entreprise « adaptative » a besoin, de « managers de l'adaptation » possédant des aptitudes nouvelles, non linéaires.

Au lieu de construire des édifices permanents, les cadres adaptatifs d'aujourd'hui peuvent être obligés de *dé-construire* l'entreprise afin de lui conférer un maximum d' « opérabilité ». Ils doivent être des spécialistes, non du bureaucratisme, mais de la coordination, de l'ad-hocratie. Ils doivent pouvoir se plier sans délai aux pressions immédiates et, en même temps, penser en fonction d'objectifs à long terme. Si, naguère, beaucoup de dirigeants pouvaient réussir en copiant la stratégie ou le modèle d'organisation d'une autre firme, les managers de notre temps sont condamnés à inventer au lieu de pasticher : il n'existe ni de stratégies ni de modèles à toute épreuve susceptibles d'être imités.

Le manager « adaptatif » d'aujourd'hui doit, avant tout, être capable de procéder à des refontes radicales, avoir la volonté de penser l'impensable : reconceptualiser les produits, les méthodes, les programmes et les objectifs avant que la crise rende inévitables des transformations brutales.

Or, la plupart des managers, bien qu'avertis des bouleversements imminents qui se préparent, s'obstinent encore à travailler comme ils l'ont toujours fait, même si cette politique est périlleuse dans un environnement quasiment devenu explosif en permanence.

L'économie internationale a été fondamentalement (mais seulement de façon provisoire) restructurée par l'embargo sur le pétrole arabe, l'émergence du Japon comme concurrent, champion du monde toutes catégories, et l'accession de la Corée du Sud, de Taiwan, de Singapour et du Brésil au statut de nations industrialisées. La débâcle frappant des établissements financiers clés et l'anarchie grandissante des eurodollars ont déstabilisé le système bancaire mondial, et l'endettement planétaire menace de faire s'effondrer ses dernières fondations. L'économie mondiale marche sur la corde raide, c'est le moins qu'on puisse en dire.

Parallèlement, les percées technologiques, la « déréglementation », la stagflation à quoi il faut ajouter les capricieux sauts de carpe des taux d'intérêt, sans compter l'action d'autres facteurs de désordre, font voler en éclats les fondements stratégiques des entreprises les mieux gérées elles-mêmes. On est, bien sûr, tenté de se demander ce qui pourrait encore arriver aux compagnies qui ont réussi jusqu'à présent à survivre à toutes ces calamités.

La réponse est simple : des quantités de choses.

Il y a vingt ans, quand j'annonçais, joignant ma voix à quelques autres bien peu nombreuses, que la fin de la civilisation industrielle était en vue, l'avertissement paraissait mélodramatique. Aujourd'hui, alors que, tout autour de nous, s'écroulent les hautes cheminées d'usines, les sociologues, les historiens — et les managers — parviennent de plus en plus nombreux à la même conclusion.

Il faudrait être aveugle pour ne pas voir que quelque chose d'extraordinaire affecte de fond en comble notre façon de vivre. L'expansion rapide du microprocesseur, les biotechnologies, les prémisses de la monnaie électronique, la convergence de l'informatique et des télécommunications, la création de matériaux nouveaux aux propriétés stupéfiantes, l'amorce de la conquête de l'espace, l'intelligence artificielle — tous ces progrès technologiques s'accompagnent de changements sociaux, démographiques et politiques d'égale importance, changements qui vont de la transformation de la famille au vieillissement des populations des pays riches (alors que c'est l'inverse qui se produit dans le Tiers Monde), des conflits qu'entraîne la porosité des frontières à l'information, à l'expansion à l'échelle planétaire d'un arsenal meurtrier.

De tels phénomènes sont-ils le fruit du seul hasard et n'ont-ils aucun rapport entre eux ? Ou, au contraire, est-il possible d'y déceler une configuration profonde ?

Je crois, pour ma part, qu'il existe des liens étroits entre beaucoup de ces phénomènes, que ces tendances se renforcent mutuellement et que, prises en bloc, elles débouchent sur rien de moins qu'une mutation de notre mode de vie. Les transformations auxquelles nous sommes confrontés sont, pour le moins, aussi colossales que celles qu'a entraînées la révolution industrielle. Elles mettent en péril nos institutions les plus fondamentales tout comme la révolution industrielle a mis en péril et, finalement, métamorphosé toutes les institutions féodales. La rapidité avec laquelle changent les règles de la survivance des entreprises n'a rien de surprenant.

Quand une aussi puissante vague de changements déferle sur la société et l'économie, les dirigeants d'entreprise traditionnels, accoutumés à naviguer dans des eaux plus sereines, passent fatalement par-dessus bord. Les habitudes de toujours — celles-là mêmes qui ont contribué à leur réussite — deviennent maintenant antiproductives.

Il en va de même des modalités d'organisation. Les produits, les méthodes et les infrastructures qui ont, par le passé, également contribué à leur réussite sont souvent la cause de leur perte.

En vérité, le premier précepte de la survivance est évident : rien n'est plus dangereux que le succès d'hier.

Il y eut une époque où les organigrammes (officiels et officieux) demeuraient immuables durant de longues périodes, même pendant les phases de dépression, de guerres, ou de forte croissance économique. A partir du moment où une entreprise avait sauté le pas d'une direction reposant entre les mains d'un homme, son fondateur, à celle reposant sur une hiérarchie pyramidale, elle avait également mis le plus souvent en place une structure inter-services permanente : la production, le marketing, les ventes, la recherche, etc. Les rôles respectifs des troupes et de l'état-major étaient clairement définis. Des sous-organismes dépendant du sommet de la hiérarchie assumaient des fonctions précises : services juridiques, financiers, du personnel, toute une ribambelle de vice-présidents en rangs serrés assurant la cohésion de l'ensemble.

Une fois installé ce corset d'airain, l'entreprise pouvait se développer ou décliner selon sa bonne ou sa mauvaise fortune : les éléments de base de son infrastructure demeuraient en général inchangés. Les réorganisations — habituellement opérées à l'initiative d'un nouveau patron arrivant au pouvoir — étaient rares et espacées dans le temps.

En 1970, alors que je travaillais sur *Le Choc du futur* dont le thème était l'adaptation au changement, la fréquence de ces réorganisations au sein de l'entreprise avait augmenté. Dans ce livre, je citais un conseiller en gestion qui affirmait qu' « en estimant le rythme actuel des changements dans l'organisation des plus grandes firmes industrielles à une restructuration majeure tous les deux ans, on est probablement en dessous de la vérité ».

Aujourd'hui, la cadence s'est encore accélérée et les enjeux sont plus importants. Les réorganisations successives ne sont pas seulement plus fréquentes : elles vont, aussi, plus loin. En fait, nous assistons à la restructuration industrielle la plus rapide, la plus complexe et la plus profonde des temps modernes.

Cette évolution est abondamment commentée dans la presse. C'est ainsi que *Industry Week* écrit : « Les temps difficiles et les rudes réalités d'une économie de plus en plus mondialisée sont l'éponge qui efface les tableaux noirs sur lesquels de nombreuses sociétés ont tracé les grandes lignes de leur stratégie. »

Mettant l'accent sur une réorganisation d'envergure de la General Motors, *Newsweek* la définit comme « le changement de gestion de la G.M. le plus révolutionnaire depuis que cette firme a été restructurée dans les années 20 par ce génie de l'organisation qu'était Alfred P. Sloan ».

The Economist déclare dans un style compassé que « devenir des dinosaures est le sort auquel les grosses compagnies pétrolières s'efforcent maintenant d'échapper (...). (Elles) apprennent que pour rester grand sur les marchés d'aujourd'hui, il faut penser petit. Elles démantèlent les sociétés monolithiques en centres de profits autonomes ».

Et *Business Week* prend le relais : « Une pression grandissante s'exerce désormais sur l'industrie pétrolière tout entière pour qu'elle réorganise ses actifs de façon fondamentale (...). Les grosses compagnies intégrées qui paraissaient autrefois à l'abri de toute atteinte ne sont plus invulnérables. »

Les géants du pétrole se détournent des activités qui étaient leur vocation propre. Exxon dépense (en vain) des sommes vertigineuses pour prendre pied dans l'informatique. Arco investit dans la recherche génétique et l'agrobiologie. Dans le même temps, la U.S. Steel se place dans le pétrole, et la sidérurgie dans son ensemble s'acharne à réduire la taille de ses usines pour leur substituer des mini-unités de production.

Goodyear, l'un des grands du pneumatique, achète un oléoduc alors même que les géants de la pétrochimie font des pieds et des mains pour quitter le secteur des services publics et devenir producteurs d'articles spécialisés. La firme chimique Hercules fabrique maintenant des instruments de contrôle électroniques pour l'aéronautique et la Ethyl Company se retrouve dans l'assurance.

Les firmes centralisées décentralisent à tour de bras, ce qui n'empêche pas une société très fortement décentralisée comme la Beatrice Foods de prendre le contrepied de sa politique traditionnelle d'expansion par rachat de sociétés. Son grand timonier, James Dutt, déclare sans fard qu'avec ses 400 filiales, l'entreprise est tout bonnement devenue ingouvernable (*unmanageable*).

La course à la restructuration n'est nulle part plus frénétique que dans le secteur financier où les banques révisent radicalement leurs missions. A mesure que s'effondrent les vieilles barrières, les vieilles définitions et les vieilles réglementations, on voit des cambistes se métamorphoser du jour au lendemain en banquiers et des sociétés de cartes de crédit en établissements de change, des commerces de détail en agences d'assurances. Dans le combat que mènent fébrilement les entreprises pour survivre dans le nouvel environnement, on voit les moutons essayer de se muer en tigres.

Enfin, il y a, bien évidemment, ce qu'on a appelé « la discontinuité la plus brutale enregistrée dans toute l'histoire des industries de pointe des Etats-Unis » ou, encore, « l'événement majeur de l'histoire de l'entreprise » : l'éclatement de la plus vaste et, peut-être, de la plus exemplaire organisation industrielle du monde entier, à savoir la American Telephone and Telegraph Company (A.T.T.).

Jamais, ni aux U.S.A. ni dans le reste du monde, aucune compagnie n'a été l'objet d'un processus de restructuration aussi complexe, d'une révision aussi déchirante. C'est la raison pour laquelle il y a beaucoup à apprendre, touchant à la démarche adaptative, de la façon dont cette gigantesque entreprise a commencé — quelque quinze ans avant qu'intervienne cet éclatement — à réexaminer ses postulats et sa mission.

J'eus la chance d'être présent dès le tout début de cette remise en question. Ce livre est l'histoire de cette aventure industrielle et économique hors du commun.

Mais avant de la relater, il est essentiel de préciser ce qu'est ce livre et ce qu'il n'est pas.

Il n'est ni le récit du démembrement de la Bell Company, ni une analyse des conséquences de cette opération. Cet éclatement a fait couler tant de flots d'encre qu'il n'est guère nécessaire de revenir une fois de plus sur ce sujet. Il est trop tôt. Ses résultats définitifs n'apparaîtront pas avant plusieurs années quand ses conséquences moins ostensibles commenceront à se faire jour.

Si c'est une analyse du dégraissage de la Bell que l'on cherche ici, inutile de poursuivre la lecture plus avant.

En effet, le noyau du présent ouvrage est un rapport « secret » que j'ai rédigé à l'intention des décideurs suprêmes de ce qui était alors la plus grande entreprise privée du monde. Pendant toutes les années au cours desquelles le sort d'A.T.T. a été l'enjeu de débats et de luttes politiques et juridiques, ce rapport est demeuré la propriété de la société. Maintenant que la poussière a commencé à retomber sur cette affaire, A.T.T. m'a aimablement autorisé à le rendre public.

Je crois que même le lecteur qui connaît bien A.T.T. et est au fait de sa récente réorganisation trouvera dans les pages qui suivent nombre de choses qui n'avaient encore jamais été publiées ni analysées. S'étayant dans une large mesure sur des conversations officieuses avec des gens de la maison, il éclaire la pensée des dirigeants les plus haut placés d'A.T.T. alors qu'ils essayaient de faire front à la montée des périls.

Mais il ne s'agissait pas seulement d'établir un diagnostic : le rapport était un appel à une restructuration radicale et volontariste de la société. A une époque où la plupart des dirigeants de grandes entreprises en étaient encore à rechercher des solutions « pensables », les recommandations contenues dans ce rapport au plan de la stratégie étaient un exemple frappant du « penser l'impensable ».

Depuis, bien sûr, l'impensable s'est produit. Néanmoins, alors que la nouvelle A.T.T. en est encore à chercher à se définir elle-même, il reste beaucoup à faire, et certaines des propositions formulées dans le présent ouvrage sont sans doute de nature, même à présent, à soulever de chaudes discussions. (Celle, par exemple, qui suggère qu'A.T.T. change radicalement son fusil d'épaule.) Aussi peut-on voir dans ce qui suit un livre *à propos* d'A.T.T., avant comme après le morcellement.

Mais une autre lecture, tout à fait différente, est également possible. On peut, en effet, voir dans ce livre une réflexion à partir d'un cas d'espèce et, dès lors, il dépasse l'affaire A.T.T. en montrant comment envisager une réorganisation fondamentale. S'il est polarisé sur A.T.T., et A.T.T. est sous bien des aspects un phénomène unique, cet ouvrage soulève des questions qui, je le pense, sont d'un intérêt capital pour toute organisation importante dans une période de changement accéléré.

Il traite des postulats sous-jacents de la stratégie de l'entreprise. Il traite de la relation existant entre une entreprise et son environnement, y compris les paramètres sociaux et politiques de celui-ci. Il traite des conséquences de la diversification de la production, des procédures administratives, des marchés, des technologies et de la concurrence. Il s'attache à l'innovation, montrant comment son accroissement se répercute sur les produits, les hommes et la prise de décision. Il dresse l'ébauche de la nouvelle économie et de la nouvelle société qui émergent autour de nous à mesure que l'âge industriel quitte la scène et il propose des postulats inédits sur lesquels asseoir la stratégie.

Ce livre pose trois questions d'organisation clés : la corrélation entre l'organisation et les problèmes qu'elle a à affronter ; le changement de nature de la hiérarchie ; la notion d'échelle. Ce faisant, il s'interroge sur le rôle de l'intégration verticale et les solutions de substitution à celle-ci. Finalement, il porte une attention toute particulière à la planification et à la formation des hommes.

Toutes ces questions sont examinées à la lumière du cas exemplaire d'A.T.T. Et une fois l'analyse arrivée à son terme, l'ouvrage montre comment de nouveaux principes ont pu être appliqués pour restructurer ce géant du téléphone avant qu'il eût été autoritairement contraint de se transformer par un oukase des pouvoirs publics. Le résultat intéresse directement, à mon sens, les dirigeants de nombre d'industries.

Savoir quand et comment ce livre a été écrit n'est pas, non plus, dépourvu d'intérêt. Une partie de son contenu (c'est-à-dire ce qui est ultérieur au démantèlement de la Bell System) est de date récente : il s'agit de cette introduction, bien évidemment, et des commentaires qui émaillent le texte.

Cependant, ce qui constitue le noyau même de cet ouvrage remonte à plusieurs années et a été écrit dans des circonstances peu ordinaires.

Tout a commencé en 1968 quand je reçus un coup de téléphone tout à fait inattendu du « 195 » — le siège d'A.T.T., alors installé 195

Broadway, à Manhattan. Je n'avais pas encore terminé *Le Choc du futur* et mon nom n'était pas tellement connu. Mais j'avais appartenu à la rédaction de *Fortune* et j'avais également publié dans le magazine *Horizon* un article intitulé « Le Futur comme mode de vie » où je demandais que l'on prête une plus grande attention à l'avenir à long terme.

Ce premier coup de téléphone déboucha sur ce qui est sûrement l'une des missions de consultant les plus marquantes de mémoire récente. Le vice-président Walter W. Straley me proposa, en effet, d'étudier plusieurs années durant et de fond en comble la Bell System, ainsi que s'appelait encore A.T.T.., étant entendu que j'aurais librement accès à tous les cadres de la société, à commencer par son P.-D.G. J'objectai que je n'étais ni ingénieur ni spécialiste en télécommunications et je demandai à mon interlocuteur ce qu'il attendait de moi au juste. Sa réponse fut dépourvue d'ambiguïté : il s'agissait d'examiner la mission de l'entreprise.

Depuis plus d'un demi-siècle, m'expliqua Straley, la Bell System (je continuerai dans les pages qui suivent à utiliser ce terme concurremment avec celui d'A.T.T. — ils sont synonymes) avait une mission sans équivoque à remplir. Son objectif était d'installer un téléphone noir standard dans chaque foyer américain et, outre cela, d'assurer la totalité des communications d'un bout à l'autre du pays. Deux mots résumaient cette mission : *Universal Service.*

Mais, dans les années 50, presque tous les Américains étaient déjà équipés en téléphones et Bell passa de la pénétration verticale à la pénétration horizontale du marché : elle commença à fabriquer des téléphones roses, des téléphones verts, des téléphones blancs parallèlement à d'autres nouveautés. Elle élargissait ainsi sa ligne de production mais sans repenser sa mission pour autant.

Et maintenant, Straley disait, faisant preuve d'une intuition remarquable, que la Bell System était sur le point d'entrer dans une phase absolument inédite. Les nouvelles techniques, les nouveaux comportements sociaux, les nouvelles orientations gouvernementales, allaient porter la révolution dans le système de communications tout entier. Quelle serait la mission d'A.T.T. dans cette prochaine phase et comment pourrait-elle se réorganiser pour remplir une mission fondamentalement nouvelle ?

L'ampleur de la tâche qui m'était proposée me médusa. La plus grosse société mondiale me demandait de lui défricher la route du futur ! De prime abord, j'étais intéressé mais mon incertitude était grande. Quelle serait la nature concrète de ma mission ? Quel fruit attendait-on de celle-ci ?

A ce point de la discussion, la réponse que je reçus m'ouvrait tellement de perspectives que j'en fus abasourdi. Elle témoignait du goût du risque, et de mon interlocuteur et de la firme, et j'en eus le souffle coupé : « Tournez un film. Faites des articles. Adressez un rapport au conseil d'administration. Ou écrivez un livre. A vous de décider. »

Il n'en fallut pas davantage pour que l'affaire fût conclue.

Voilà une entreprise géante prise dans la gangue de sa tradition qui était disposée à considérer les problèmes à venir, à remettre en question les postulats fondamentaux qui étaient l'ossature de sa fonction, à laisser quelqu'un de l'extérieur procéder à cette auscultation et décider lui-même jusqu'à la forme que prendraient ses conclusions.

Comment résister à un pareil défi ?

S'ouvrit alors une période de quatre ans durant laquelle je me livrai par intermittence à un travail de recherche sur l'avenir des communications, sur le rôle de l'innovation, sur les méthodes de travail internes — souvent byzantines — de la Bell System, sur les modifications socio-politiques qui pourraient avoir des répercussions sur l'entreprise. Je visitai des usines et des bureaux d'études. J'eus des entretiens avec le président et ses principaux collaborateurs. Je rencontrai des ingénieurs, des *lobbyists,* des comptables, des planificateurs et, bien sûr, des quantités de gens qui n'avaient aucun rapport avec la Bell, depuis des officiels du gouvernement américain jusqu'à des industriels japonais.

Par ailleurs, je pris rapidement langue avec un « réseau clandestin » de jeunes Turcs à l'intérieur de la société, des hommes et des femmes qui, à tous les niveaux, contestaient ce qu'ils considéraient comme une réponse inadéquate de la Bell à l'accélération du changement. Ils savaient les uns et les autres que, dans cet univers d'ordinateurs et de satellites qui est maintenant le nôtre, les structures d'A.T.T. étaient en passe de devenir anachroniques. A leurs yeux, l'exaspération de la concurrence ne menaçait pas seulement la position dominante d'A.T.T. mais, aussi, l'efficacité de tout le système de communications de la nation.

Partout, je trouvais des soutiens solides, souvent enthousiastes, auprès de ces hommes et de ces femmes. Leur volonté était de servir non seulement leur entreprise mais aussi leur pays, ils s'ouvraient à moi, me faisant part de leurs réflexions, de leurs soucis et de leurs espoirs.

En 1972 (j'avais, entre-temps, publié *Le Choc du futur*), je commençai enfin à mettre en ordre mon argumentation et mes recommandations. Avec l'aide d'un chercheur, Marilyn Shapiro, je relus ligne par ligne la documentation que j'avais recueillie au cours de ces années. Puis je commençai à préparer une synthèse qui intégrerait les meilleures idées des initiés à mon point de vue personnel, maintenant devenu ferme conviction, sur l'avenir de la Bell.

Une chose me sauta immédiatement aux yeux : j'étais en train d'écrire un rapport — en fait, un livre — qui allait faire l'effet d'un brûlot. Il était critique. Il avait des ambitions stratégiques. Et il ne disait certainement pas ce que nombre de cadres des échelons les plus élevés de la hiérarchie de la compagnie souhaitaient entendre.

Par exemple, la Bell professait presque comme un article de foi que les compagnies opératrices comme la New York Telephone ou la Northwestern Bell devaient être totalement ou quasi totalement la propriété d'A.T.T. Il était hérétique, à l'époque, de suggérer, comme je le faisais, que la société « réexamine (...) les liens existant entre A.T.T. elle-même et les filiales » et, qui plus est, qu'elle abandonne une partie du contrôle qu'elle exerçait sur ces dernières en « concédant une fraction de propriété au public ».

L'opinion exprimée dans le rapport à propos de la Western Electric, la succursale géante de la Bell, était au bas mot plus blasphématoire encore. Le gouvernement fédéral réclamait depuis des années qu'A.T.T. renonce au secteur de la fabrication, ce à quoi A.T.T. rétorquait que cette mesure serait désastreuse pour le pays, qu'il était impératif que la Western continue de faire partie d'une compagnie verticalement intégrée.

Mon rapport attaquait les deux conceptions et suggérait une troisième voie : qu'A.T.T. se défausse *d'une partie* de la Western. Il faudrait, soutenais-je, se délester des opérations de fabrication de routine dévolues à celle-ci pour ne conserver que ses départements de haute technologie complémentaires, les Bell Laboratories.

Et comme s'il n'était pas déjà suffisamment explosif, mon rapport, décortiquant la mission traditionnelle de la Bell, la mettait cul par-dessus tête. Au lieu d'essayer de fournir des services télécoms tous azimuts à tout un chacun, disait-il, mieux valait que l'entreprise fasse une cure d'amaigrissement et propose uniquement des « produits et services (...) qui ne peuvent l'être par d'autres compagnies à des prix, une qualité et un souci de l'intérêt public équivalents ».

Il ne s'agissait pas, précisais-je, de s'orienter vers une « désintégration » de la Bell System mais de mettre en œuvre « un programme volontariste spectaculaire d'*extension de l'intégration* embrassant un champ plus étendu », programme que j'exposai ensuite.

Arrivé à ce point, je soumis officieusement mon rapport à certains amis que j'avais au sein de la société, des cadres supérieurs dont j'avais appris à apprécier l'intelligence et la sûreté de jugement, pour avoir leur opinion. Les premières réactions ne débordaient pas d'enthousiasme : le ton dudit rapport, disaient certains, hérissera la direction d'A.T.T. Les commentaires étaient émaillés de qualificatifs tels que « dramatisation exagérée », « apocalyptique », « sensationnaliste ».

Toutes les appréciations n'étaient pas aussi virulentes, certes, mais une chose était sûre : l'état-major de la Bell aurait un hoquet de douleur quand il prendrait connaissance de mes recommandations — s'il en prenait un jour connaissance.

Le 15 novembre 1972, je remis, si je me rappelle bien, dix exemplaires du rapport intitulé *Social Dynamics and the Bell System* à qui de droit sans en avoir modifié ni le ton ni la teneur. J'avais tout lieu de croire que je serais invité à le présenter officiellement, commentaires à l'appui, au conseil d'administration ou à la direction générale.

L'invitation ne vint jamais. Ce fut, au contraire, un silence glacial. C'était clair : A.T.T. continuerait simplement de vaquer à ses affaires et je n'avais qu'à vaquer aux miennes. Ma ligne était, en quelque sorte, coupée.

Et le temps passa.

J'éprouvai un sentiment de déception teintée d'amusement. Travailler à ce projet avait été gratifiant. Non seulement j'avais été payé de ma peine mais, en outre, j'avais appris une foule de choses sur les communications et l'industrie. L'occasion m'avait été donnée d'étudier de première main nombre de problèmes qui s'avéreraient décisifs au cours des années à venir, qu'il s'agisse de l'innovation ou de la planification, de la réglementation étatique, du rôle des consommateurs ou de la participation des salariés à la marche de l'entreprise. Je me fis donc une raison et me lançai dans d'autres tâches, convaincu que *Social Dynamics and the Bell System* était condamné à prendre la poussière au fond d'un placard jusqu'à la fin des temps.

Mais ce n'est pas là le genre d'A.T.T. Ce que j'ignorais, c'était que le rapport vivait une existence fantôme au sein même de la compagnie. Si une réaction officielle de la direction générale était peu vraisemblable, des copies ronéotypées commençaient à circuler officieusement parmi les cadres et il devint une sorte de « samizdat », de spécimen de littérature dissidente.

Voici comment Alvin von Auw, ancien vice-président et bras droit du président-directeur général d'A.T.T., avec lequel j'avais travaillé, raconte l'affaire dans un livre récemment publié, *Heritage and Destiny*[1] : « Loin de nous l'idée d'accorder à M. Toffler un don de prescience qu'il ne revendiquerait d'ailleurs pas (...) (mais) l'on est en droit de se demander si un accueil plus favorable fait à (ses) recommandations (...) n'aurait pas fait faire l'économie d'un travail gigantesque. » Hélas, conclut Von Auw, ne citant rien de moins que l'Ecclésiaste, « il est une saison pour toutes choses ».

La saison n'allait pas se faire longtemps attendre.

En effet, en octobre 1975, trois ans après que j'eus remis mon rapport, nous nous rendîmes, ma femme et moi, à Palm Beach où l'on m'avait demandé de prendre la parole à l'occasion de l'assemblée générale du conseil d'administration des « 500[2] ». Il se trouva qu'au dîner nous eûmes comme voisin de table John DeButts, alors P.-D.G. d'A.T.T., en personne. L'heure de vérité avait sonné.

DeButts, un diable d'homme à la carrure d'ours, nous tendit la main et, arborant un large sourire, nous annonça la surprenante nouvelle : le rapport clandestin était apparu au grand jour. Mieux encore, il était publié sous une forme revue et corrigée, et largement diffusé à l'intérieur de la maison pour servir de base de discussion. On y lisait notamment ceci : « Le mémoire originel ne saurait être considéré comme superficiel — tout au contraire. » Ce rapport contient « des solutions pratiques aux problèmes que nous allons avoir à affronter... ».

Si je cite ces phrases, ce n'est pas simplement parce qu'il est doux d'être porté aux nues, même à retardement, mais parce qu'elles sont révélatrices et caractéristiques de la nature d'une firme

1. Praeger Publishers, 1983.
2. Les 500 plus grosses sociétés des U.S.A. (*N.d.T.*)

« adaptative », flexible. Voici le rapport d'un consultant qui assène une claque en pleine figure à l'orthodoxie en matière de gestion — et cette firme dit à ses dirigeants, noir sur blanc, qu'ils seraient bien inspirés de se pencher sur ses conclusions avec attention.

« D'accord ? Pas d'accord ? » demande la préface du document révisé. « L'important est que vous preniez conscience de la nécessité, dictée par le changement, d'une action positive dans une direction déterminée (...). En lisant le rapport Toffler, il est aisé de jeter le bébé avec l'eau du bain si l'on n'est pas capable de distinguer l'un de l'autre. Du point de vue des auteurs de ce texte, le véritable " bébé " est la démarche méticuleuse qui l'a amené (Toffler) à formuler les recommandations ci-dessus (...). Il est d'une importance capitale pour nous, dirigeants de la Bell System qui nous préparons à faire face au changement, de comprendre la voie qu'a suivie Toffler pour parvenir à ses conclusions. La grande contribution de Toffler à la pensée de la Bell System est d'avoir secoué la barque au lieu de tenir le rôle d'un alchimiste qui brandit la pierre philosophale. »

Combien d'autres dirigeants auraient-ils publié de bonne grâce, fût-ce *a posteriori,* un document qui faisait table rase de leurs principes ? Si A.T.T. et ses rejetons survivent aux terribles bouleversements qui les ont récemment secoués, ce sera, au moins pour une part, parce qu'ils auront reconnu la valeur d'un réexamen fondamental comme prologue à une restructuration.

Je me hâte d'ajouter ce qui va sans dire : au milieu de toutes les forces qui se combinent pour opérer une « remise à plat » de la Bell System, je considère mon scénario stratégique comme à peine plus qu'une notule. Aucune entreprise, et surtout pas une entreprise aux dimensions d'A.T.T., ne se transforme sur la foi d'un rapport. Seules l'arrogance intellectuelle ou « la grosse tête » peuvent induire un consultant à s'attribuer le mérite d'une reconstruction d'une société géante, quelle qu'elle soit.

En règle générale, les grandes organisations ne se transforment de manière significative que si certaines conditions préalables sont réunies. *Primo,* il faut des pressions extérieures énormes. *Secundo,* il faut, à l'intérieur de l'organisation, un violent mécontentement contre l'ordre existant. Et, *tertio,* il faut une solution de rechange cohérente cristallisée dans un plan, un modèle ou une vision.

Ces facteurs peuvent ne pas être d'un poids égal et ils peuvent ne pas être suffisants mais ils sont nécessaires, et un coup d'œil, même rapide, montre qu'ils étaient tous trois présents dans le cas d'A.T.T.

Les pressions d'origine extérieure peuvent prendre des formes multiples : intensification de la concurrence, réglementation ou intervention des pouvoirs publics, exigences des consommateurs, du personnel ou des revendications des mouvements écologistes, grogne de la clientèle et des actionnaires, ruptures de stocks, interruption des livraisons, modification de la taxation, des taux d'intérêt ou du cours des devises — et bien d'autres encore. (Il est possible d'établir un modèle de ces pressions pour en déterminer l'incidence.) Leur combinaison peut être d'une force si écrasante qu'elles ne permettent plus à l'organisation de remplir la mission qu'elle s'est fixée.

Les pressions internes peuvent être dues à l'incapacité du management à saisir les nouvelles occasions qui se présentent, à la lenteur ou à la maladresse de ses réactions devant les menaces externes. De même, sa politique intérieure peut stresser l'organisation tout comme les luttes de succession et autres conflits qui n'ont qu'un rapport marginal avec le monde extérieur. Bien souvent, un dirigeant nouvellement promu n'a tout simplement pas les mêmes méthodes de travail que son prédécesseur ou alors c'est un nouveau chef qui place ses « supporters » à des positions stratégiques, ce qui peut, également, nécessiter une redistribution au plan organisationnel.

Il est cependant rare que des pressions purement internes aboutissent à une restructuration radicale. Pour qu'une restructuration radicale intervienne, il faut habituellement une irrésistible convergence des facteurs internes et externes et, aussi, une « opposition » intérieure active. Je donne, ici, au mot « opposition » son sens politique. Ce peut très bien être une opposition loyale qui ne se conçoit même pas comme telle. Ce peut simplement être un réseau de cadres supérieurs récalcitrants aux orientations et aux structures en vigueur, exaspérés, déçus par l'incapacité de la firme à réagir rapidement ou de façon imaginative aux menaces extérieures.

Toutefois, la transformation fondamentale demeure toujours peu plausible même s'il y a convergence des pressions internes et externes et s'il existe une opposition saine à moins que les gens de l'intérieur qui souhaitent le changement ne soient en mesure de définir une vision et une stratégie cohérentes, de proposer une mission nouvelle à substituer à l'ancienne.

Faute d'une solution de rechange efficace à la structure existante, c'est généralement la résistance au changement qui triomphe. Mais si le plan, le projet est finalement repoussé, il peut encore jouer un rôle capital en cristallisant les questions en suspens, en mobilisant les partisans du changement et en accélérant l'adaptation.

Superficiellement, il peut sembler que les vastes changements dont A.T.T. a été l'objet lui ont été imposés par les pouvoirs publics, rien de plus. Bien entendu, les tribunaux, la commission fédérale des Communications (F.C.C.) et le Congrès ont contraint la compagnie à opérer ces changements. Mais dire que c'est la seule intervention de l'Etat qui a abouti à la restructuration de la Bell System, c'est négliger les causes profondes de cette mutation. En vérité, la question logique que l'on doit se poser est celle-ci : pourquoi les trois branches du gouvernement des Etats-Unis se sont-elles, justement, senties obligées d'intervenir ?

Personne ne débrouillera jamais l'écheveau des causes qui furent à l'origine du démantèlement de la Bell, et je doute qu'aujourd'hui encore beaucoup de ceux qui, à A.T.T., connaissent le dessous des cartes, seront d'accord avec ce qui va suivre. Mais quelles que soient les analyses auxquelles on se livre pour déterminer les causes de ce phénomène, une chose est claire : des changements technologiques massifs — dont, pour beaucoup d'entre eux, la paternité revenait à la Bell — avaient commencé à transformer l'industrie et l'économie américaines dans les années 60.

L'ordinateur, cette innovation, était devenu d'une importance cruciale pour l'économie tout entière, d'où un besoin dévorant de nouvelles techniques de communications « machine à machine ». Les satellites ouvraient aux télécommunications des possibilités totalement inédites. La télévision par câble se développait. Du haut en bas de l'échelle, la société acquérait une complexité et une diversité encore jamais vues, ce qui intensifiait la demande en moyens de communications entre les hommes, entre l'homme et la machine, et entre la machine et la machine.

L'idéologie traditionnelle de la Bell qu'incorporait sa mission proclamait que la firme devait satisfaire la totalité des besoins de la nation en matière de communications. Or, on assistait à une soudaine explosion de ces besoins. Qui plus est, ceux-ci se différenciaient si rapidement que pas une seule firme, pas même A.T.T., ne pouvait nourrir l'espoir, si l'on voulait rester réaliste, de leur donner satisfaction. A.T.T. avait beau aller au pas de charge (et certains de ses détracteurs l'accusaient de ne pas courir assez vite parce qu'elle était protégée de la concurrence), elle était dans l'incapacité de répondre à la demande.

Cette demande ne venait pas seulement des abonnés au téléphone. Elle était le fait de sociétés qui cherchaient à qui mieux mieux à s'informatiser. Elle était aussi le fait de la jeune industrie de l'ordinateur qui pesait lourd dans l'industrie en général. En outre, à mesure que les technologies nouvelles élargissaient les horizons, des entrepreneurs, animés par l'esprit du risque, entraient dans la compétition. L'existence de cette nébuleuse de petites compagnies souples et ambitieuses, avides d'être présentes sur les nouveaux marchés, sous-entendait une redéfinition et une limitation des droits traditionnellement acquis à A.T.T. Ces sociétés constituaient une coalition informelle mais qui ne cessait de grossir et devenait de plus en plus politiquement influente, faisant pression sur Washington pour que Washington fasse pression sur A.T.T.

Le premier réflexe d'A.T.T. devant cette offensive commercialo-politique fut d'agir comme elle l'avait toujours fait par le passé : sa réaction instinctive fut de former le carré et de passer à la contre-attaque pour écraser l'agresseur sous ses coups. A mesure que les forces adverses s'organisaient et que les groupes de pression s'activaient, elle mobilisa toutes ses ressources — technologiques, commerciales, juridiques, politiques — pour les jeter dans la bataille. Ce fut un combat de Titans.

Mais il existait malgré tout des divisions internes au sein de la Bell, et ce même aux niveaux les plus élevés. Je n'ai jamais rencontré quoi que ce fût qui ressemblât de près ou de loin à une opposition déloyale. Tous les hommes, toutes les femmes avec qui je me suis entretenu sans exception se sentaient intimement solidaires de l'entreprise, ils étaient fiers de ses succès et prêts à en découdre avec l'assaillant. Toutefois, beaucoup doutaient que la firme pourrait traverser la tempête sans se transformer. Certains qualifiaient de « politique de la forteresse » la conviction que la Bell pourrait éviter une refonte de ses structures.

Comme il a été dit plus haut, le gouvernement américain, dans un élan de zèle antitrusts, avait exigé en 1949 qu'A.T.T. s'amputât de la Western Electric, son bras industriel. En 1956, la firme conclut un accord avec les pouvoirs publics : elle garderait la Western mais, en échange, elle s'engageait à céder sous licence à d'autres sociétés (à des conditions qui paraissent aujourd'hui ridiculement conciliantes) ses technologies dernier cri et, simultanément, à se tenir en dehors de toute activité non conforme à la réglementation.

Mais dans les années 60 et au début des années 70, A.T.T. commença à avoir le sentiment d'avoir fait un marché de dupes. La technologie et le marché étaient en pleine révolution et plus d'un cadre en arrivait à se demander si l'accord de 1956 n'aboutirait pas à fermer définitivement à la Bell des marchés en pleine expansion engendrés par la technologie nouvelle. Défendre aveuglément l'ordre ancien risquait d'avoir pour seul résultat de frapper la firme d'interdiction de futur.

D'aucuns allaient même jusqu'à remettre en question le bien-fondé du vieux dogme de « service universel ». Le doute investissait les saintes Ecritures.

Je connaissais, comme bien l'on pense, peu de chose de cette situation en arrivant mais, rétrospectivement, il est clair, non seulement que les esprits clairvoyants s'interrogeaient sur le dogme mais, aussi, qu'on était prêt, au sommet de la hiérarchie, à tolérer, voire à financer, le travail de recherche mené par l'opposition. Mon rapport en est la preuve. Beaucoup d'autres personnes, moins extrémistes et peut-être plus pondérées dans leur expression, étaient discrètement à l'œuvre. Les uns et les autres aidèrent la direction à reconceptualiser A.T.T., sa mission et son avenir.

Voilà donc le décor planté. En publiant mon rapport sous forme de livre, j'ai résisté à la tentation d'en récrire les parties qui, douze ans après, méritaient d'être revues et corrigées. Si ce volume a quelque valeur aujourd'hui, c'est précisément parce qu'il n'a pas été remanié, qu'il n'a pas subi de « lifting ». On ne doit pas tripatouiller une radiographie ni altérer rétrospectivement la prescription à laquelle elle a donné lieu.

Le texte de base est exactement celui qui a été soumis à l'état-major de la Bell. J'ai, toutefois, fait précéder chacun de ses chapitres d'un bref commentaire liminaire. Dans ces courtes introductions, il m'arrive ici et là, voyant les choses avec le recul du temps, de faire mon *mea culpa* ou de glousser de joie. Mais ces remarques introductives sont clairement séparées du texte même de sorte qu'il ne saurait y avoir confusion entre ce qui a été écrit en 1972 et ce qui l'a été en 1984. (Pour que la distinction entre le nouveau et l'ancien soit parfaitement nette, j'ai mis des sous-titres. Ce qui suit les mots LE COMMENTAIRE date de 1984 alors que ce qui suit les mots LE RAPPORT est extrait du document originel.)

Au bout du compte, j'ai beaucoup parlé des postulats des dirigeants de l'entreprise : il n'est donc que justice que j'évoque sommairement mes propres hypothèses concernant la mutation et la prévision organisationnelles.

Premier point : je tiens pour acquis que toute entreprise doit s'harmoniser avec son environnement extérieur, et pas seulement avec l'une des dimensions de celui-ci. A mon sens, trop de dirigeants industriels, d'économistes et de planificateurs définissent l'environnement de l'entreprise en termes étroitement économistes et exagérément simplificateurs. Pour ma part, j'inclus dans la notion d'environnement une large palette de facteurs politiques, sociaux, culturels et autres dont on tient rarement compte. (En raison de son passé de monopole réglementé, nul n'a jamais sous-estimé, à A.T.T., l'importance du politique mais même A.T.T. n'a, selon moi, pas fait assez de cas des éléments sociaux et culturels liés à son environnement.) Le stratège de l'entreprise se doit de scruter un large horizon.

Deuxième point : je crois que l'environnement de l'entreprise a changé si vite et si radicalement aux cours des vingt dernières années que les structures conçues pour assurer la réussite dans un contexte industriel donné sont, presque par définition, incompatibles avec le contexte actuel. La tâche du dirigeant ou du stratège d'entreprise consiste à identifier les structures devenues périmées et à les modifier avant que la machine se grippe.

De tout cela, il ressort, et ce sera mon troisième point, qu'un grand nombre de dogmes clés en matière d'organisation — c'est-à-dire des principes qui « ont marché » autrefois — doivent impérativement être réexaminés. Ce sont tout autant les dogmes professés en commun que l'autorité formelle qui sont le ciment d'une entreprise. S'ils se sont sclérosés, les stratégies élaborées en fonction de ces dogmes entraîneront l'organisation dans la mauvaise direction. Il est essentiel, aujourd'hui, de remettre en question les idées fondamentales que l'on se fait de la standardisation, de l'économie d'échelle, de l'intégration verticale, des motivations du personnel, de la production et de la distribution de masse, de la hiérarchie et des goûts des consommateurs.

Quatrième point : je me méfie des courants, microcourants ou mégacourants. Dans une période de changement accéléré, toute prévision s'appuyant sur l'extrapolation linéaire de telle ou telle tendance est intrinsèquement illusoire. (Ou l'on détermine ces courants trop tard, ou ils s'inversent d'eux-mêmes, ou ils se transforment en quelque chose de qualitativement nouveau.) Cette critique de la projection linéaire est doublement justifiée si l'on ne fait entrer en compte dans l'identification de ces courants que des facteurs économiques et démographiques. Ce dont on a besoin pour planifier une production, ce ne sont pas des faisceaux de tendances isolées mais des *modèles* multidimensionnels combinant les *forces* technologiques, sociales, politiques et même culturelles à l'économique.

Jamais un auteur ne peut dresser l'inventaire exhaustif de ses postulats de base. Nous vivons tous au sein d'une architecture composée d'innombrables références ayant pour assise une infinité d'axiomes. Mais ces quelques principes suffisent pour que l'on comprenne dans quel esprit j'ai abordé ma recherche. Leur exposition en introduction à cette étude aidera à analyser l'analyste.

En conclusion, si ces postulats sont fondés, ils contribueront à expliquer pourquoi les questions soulevées dans le présent ouvrage ne s'appliquent pas seulement à A.T.T. mais à toute entreprise industrielle d'envergure soucieuse de réfléchir aux moyens de surmonter la crise imminente qui la menace.

Le message du changement est limpide : ou les entreprises réexamineront leurs prémisses de base avec une rigueur draconienne — et seront prêtes à les jeter par-dessus bord —, ou elles échoueront au musée des dinosaures...

A PROPOS DU « SUPER-INDUSTRIALISME »

Mettre une étiquette au futur n'est pas aussi simple qu'il le paraît.

D'un bout à l'autre de ce livre, on utilise le terme de « super-industrialisme » pour définir la société à haute technologie en train de naître. J'ai employé cette expression dans *Le Choc du futur,* publié en 1970. Je l'ai utilisée à nouveau en rédigeant *Social Dynamics and the Bell System,* le rapport qui constitue le cœur du présent livre.

Toutefois, j'ai constaté au fil des années que certains de mes lecteurs ont sauté à cette conclusion qu'une société super-industrialiste n'est rien de plus qu'une version sur écran large de la société industrielle de masse traditionnelle. Or, rien ne saurait être plus faux.

Pour cette raison, et pour d'autres encore, j'ai renoncé à cette terminologie dans mes ouvrages ultérieurs, *La Troisième Vague* et *Les Cartes du futur,* où j'en adopte une autre. Replaçant les changements vertigineux dont nous sommes aujourd'hui témoins dans leur perspective historique, j'ai appelé la révolution agraire intervenue il y a dix mille ans la « Première Vague » de changement historique et « Seconde Vague » la révolution industrielle qui a donné naissance à la société de la cheminée d'usine d'un bout à l'autre du monde. Je considère que les changements rapides et massifs auxquels nous assistons à l'heure actuelle sont en train d'accoucher d'une civilisation entièrement nouvelle reposant sur une technologie pointue, une information et des modalités d'organisation économique inédites à ce jour.

Voulant que pas un seul mot du rapport Bell ne soit modifié, j'ai conservé sa terminologie initiale. Dans le domaine pratique, encore que certaines différences puissent intéresser le spécialiste, le lecteur qui a lu tel ou tel de mes ouvrages antérieurs pourra considérer que les expressions « super-industrialisme » et « société de Troisième Vague » sont, en gros, interchangeables.

PREMIÈRE PARTIE

Les préceptes d'hier

Chapitre 1

Introduction

LE COMMENTAIRE

Une frontière invisible sépare les managers de notre temps. Ne tenant compte ni du rang ni de la fonction, elle passe entre ceux qui voient dans les changements économiques et technologiques d'aujourd'hui de simples et progressifs prolongements de la révolution industrielle et ceux pour qui ces massifs changements sont incontestablement radicaux. Ce sont, d'un côté, ce que l'on pourrait appeler les « cumulatistes », de l'autre les « radicalistes ».

Le premier groupe postule la continuité ; le second met l'accent sur l'importance grandissante de la discontinuité.

Le premier tend à formuler des stratégies linéaires ; le second pense en termes non linéaires.

Le premier incline à définir les problèmes de façon tranchée, à les traiter chacun à part, à mesure qu'ils se posent en les isolant plus ou moins les uns des autres ; le second les définit de façon moins tranchée mais les envisage dans leurs relations mutuelles.

Le premier excelle à trouver des solutions « pensables » aux problèmes — une pratique qui peut être appropriée en période de stabilité économique ; le second est ouvert aux solutions « impensables » — ce qui peut être nécessaire en période de turbulence économique.

L'environnement détermine quelles sont les aptitudes particulières dont le besoin se fait sentir à un moment donné. Malheureusement, le dirigeant « cumulatiste » atteint souvent les sommets hiérarchiques à l'instant précis où l'explosion de l'environnement réclame les talents du « radicaliste ». Cette inadéquation a fréquemment des conséquences catastrophiques.

Dans ce premier chapitre, je tentai de montrer pourquoi la situation à laquelle A.T.T. était confrontée exigeait une action radicale et non simplement réformiste. J'y expliquais comment les obstacles auxquels elle se heurtait s'inscrivaient dans un beaucoup plus vaste cadre de transformations sociales et technologiques. A.T.T. n'était pas la seule organisation à être en difficulté : de nombreuses autres industries, de nombreuses autres institutions subissaient, elles aussi, les coups de boutoir du changement.

Avec le recul du temps, il me semble qu'à quelques exceptions près, la plupart des industries et des institutions auxquelles je me référais sont, et c'est une litote, plus mal en point aujourd'hui qu'à l'époque où je rédigeais ce rapport. Peut-on en dire autant d'A.T.T. ? Il est trop tôt pour que l'on puisse savoir si s'affranchir des contraintes du passé et abandonner ses activités les plus rodées sera forcément payant. Je crois que oui mais le verdict n'a pas encore été prononcé.

Si le rythme des changements sociaux et technologiques doit encore s'accélérer au cours des prochaines décennies, d'autres firmes se verront bientôt dans la nécessité de faire des choix aussi déchirants que ceux auxquels les dirigeants d'A.T.T. ont été confrontés. Et nous assisterons alors dans toutes les branches au déclin des « cumulatistes » et à l'avènement des « radicalistes ».

LE RAPPORT

Les futurologues les plus sérieux conviennent unanimement que les Etats-Unis subiront dans les deux prochaines décennies une mutation plus profonde que cela n'a jamais été le cas depuis deux siècles. C'est là un grave défi pour le monde industriel américain. Un nouveau type de société est en train de naître. Après être passés de l'agriculture à l'industrialisme, les Etats-Unis abordent un nouveau stade de développement : le super-industrialisme.

Le super-industrialisme aura pour assises une technologie plus avancée, des méthodes d'organisation radicalement différentes, de nouveaux types de rapports interpersonnels, des valeurs sexuelles et familiales nouvelles, une manière nouvelle de vivre la réalité. Cela débouchera sur un environnement inédit pour l'industrie et le commerce et, à son tour, ce nouvel environnement créera une *corporation*[1] d'un type nouveau.

La tâche qui incombe à A.T.T.[2] consiste à définir l'entreprise super-industrialiste — et à en devenir une.

Il n'est pas possible de tracer le portrait-robot de la corporation de demain mais nous pouvons analyser quelques-unes des forces qui la modèleront. Beaucoup d'entre elles sont dès à présent à l'œuvre au sein même de la Bell System et elles ne feront que

1. Par souci de simplification, nous utiliserons le mot américain de *corporation* au lieu de l'expression, plus lourde, de « société anonyme ». (*N.d.T.*)

2. Nous considérerons que les termes A.T.T. et Bell System sont interchangeables. Quand une distinction s'imposera, elle sera précisée. (*N.d.A.*)

gagner en ampleur dans les prochaines années. En vérité, la Bell System a d'ores et déjà amorcé la mutation qui fera d'elle une corporation super-industrialiste. Ce n'est que si l'on prend ces forces en compte dans l'élaboration d'une planification à long terme et, plus important encore, dans la définition de ses objectifs que la Bell, la plus grande des corporations de l'âge industriel et celle dont la réussite est la plus marquante, occupera une position équivalente dans l'ère super-industrialiste.

LES PROBLÈMES D'A.T.T. NE SONT PAS UN CAS D'ESPÈCE

Dans la mesure où elle est la plus grande des corporations de l'âge industriel, A.T.T. supporte plus que sa part d'obligations et elle est assaillie de difficultés qui, à première vue, ne paraissent pas avoir de liens entre elles.

D'un côté, elle doit faire face à une multitude de rivalités — la M.C.I., Carterphone, C.A.T.V., les projets de satellites à utilisation intérieure, la percée d'I.B.M. et de quelques autres sociétés ayant la communication pour vocation — qui menacent de grignoter sa zone d'influence.

D'un autre côté, elle doit affronter l'opposition toujours plus virulente du mouvement consumériste : les procès à elle intentés par les usagers mécontents et l'impopularité qui s'ensuit ; la prolifération des cabinets-conseils spécialisés dans les problèmes de télécommunications et qui contribuent à organiser ces forces hostiles ; les campagnes pour que soient consentis des tarifs préférentiels à certaines catégories d'usagers — utilisateurs d'ordinateurs, associations à but éducatif, personnes âgées ; et une résistance à l'augmentation du prix des services qui croît régulièrement.

Par ailleurs, des pressions s'exercent sur la compagnie pour qu'elle embauche davantage de Noirs et de demandeurs d'emploi, ce qui se traduit par des problèmes de formation du personnel et une dégradation supplémentaire du fonctionnement du service qui avive encore le mécontentement des abonnés.

A Washington, Nicholas Johnson tient à jour le cahier des doléances dont A.T.T. fait l'objet et qui est tout particulièrement efficace auprès des couches jeunes.

Pressions, aussi, de la part des écologistes qui militent contre la pollution et pour le recyclage des déchets, parfois nommément désignés : ce sont les annuaires téléphoniques périmés.

A New York et dans d'autres grandes villes, les stratèges d'A.T.T. se heurtent au refus de la population de voir se créer de nouvelles installations. Dans le même temps, l'escalade du vandalisme, quand ce n'est pas du sabotage pur et simple, augmente l'exaspération et les coûts, aussi bien pour la firme que pour l'usager.

Tous ces maux, les responsables de la Bell les connaissent depuis longtemps, bien sûr, et ils ne ménagent pas leurs efforts pour faire front à cette avalanche de difficultés. Ces efforts, toutefois, s'appuient sur une conception dangereusement erronée : on a tendance, aussi bien à l'extérieur qu'au sein même du directoire, à considérer ces différents problèmes comme des phénomènes sans rapports entre eux, isolés et qui, par conséquent, réclament des remèdes ponctuels et spécifiques. Nous développerons dans ce rapport, au contraire, l'idée que bien des difficultés dans lesquelles se débat la Bell sont le résultat de la conjugaison de symptômes révélateurs d'un désordre de beaucoup plus vastes dimensions et, partant, ne sauraient être traitées au coup par coup. Elles font partie d'un tout cohérent et ont une cause invisible. *Nombre des problèmes parmi les plus urgents qui harcèlent A.T.T. proviennent des changements radicaux affectant l'environnement extérieur où baigne la compagnie et de la difficulté qu'il y a à les prévoir ou à les résoudre avec l'extrême rapidité qui s'impose.*

LES PROBLÈMES D'A.T.T. SONT LES SYMPTÔMES DE CHANGEMENTS SOCIAUX D'UNE PLUS VASTE AMPLEUR

Si l'on veut avoir une vue d'ensemble, il est nécessaire de se dégager du seul cadre de la compagnie. On constate alors que se manifeste dans les principales composantes de la société un courant, une ligne de rupture provoquée en bien des cas par des renversements brutaux de la demande, tant au plan quantitatif qu'à celui de la nature des besoins qui se font sentir.

Les universités. Etranglés par une crise financière endémique, les établissements d'enseignement supérieur traditionnels ne peuvent plus assurer l'ensemble des services que l'on attend d'eux. Les demandes de cours spécialisés, d'une instruction individualisée et d'enseignements d'un type nouveau pèsent lourdement sur eux. On a accusé les inscriptions libres *(open enrollment)* et les programmes exclusivement destinés aux Noirs de « détériorer » la qualité du produit (encore que la notion de qualité ne soit jamais clairement définie). Beaucoup d'universités sont menacées de faillite et malgré une accalmie de la contestation, les consommateurs — en l'occurrence, les étudiants — demeurent profondément mécontents d'un système devenu anachronique.

Le marché des valeurs. L'écroulement ou le quasi-écroulement des grands cabinets d'agents de change souligne l'incapacité du système à faire face aux dents de scie, rapides et pour une large part imprévisibles, de la demande. Quand le volume des cotations est élevé, les cambistes, les caisses mutuelles et les autres institutions sont à tel point noyés sous la paperasserie que les opérateurs peuvent être totalement dépassés — même avec le renfort de l'informatique. Si le marché subit une chute accélérée, ils sont dans l'incapacité de tenir leurs engagements dans les délais voulus.

Les chemins de fer. La défaillance de Penn-Central, la détérioration des lignes de banlieue, illustrent la situation dramatique de l'ensemble du système de transport ferroviaire. Entrepreneurs de transport, les chemins de fer sont tenus d'assurer la mission de service public qui leur incombe, ce qui signifie que la demande échappe à leur contrôle. En outre, le corset des contraintes qui les enserre et la concurrence qui s'exerce sur eux les empêchent pareillement de la contrôler.

Les grandes villes. A New York, comme dans d'autres centres urbains, les systèmes de fourniture des services essentiels craquent sous les efforts qui leur sont demandés. Les services éducatifs sont dépassés par la demande. Les services de l'hygiène vacillent. Les services de santé surchargés se dégradent. Les transports — métro, bus ou autocars — sont de plus en plus onéreux et presque impossibles à utiliser.

Les Etats-Unis n'ont pas le monopole de cette désagrégation. Au cours d'une grève sauvage, à Londres, les agents des services de l'hygiène ont menacé de déverser chaque jour 500 000 tonnes d'eaux usées dans la Tamise. Les ordures s'empilaient dans les rues, et un arrêt de travail des électriciens se solda par un couvre-feu partiel. Paris, Tokyo et d'autres grands centres connaissent des problèmes analogues.

On pourrait pareillement citer l'étranglement des compagnies aériennes, de la poste, de l'assistance sociale, de la distribution d'électricité, *et cetera ad infinitum.*

Est-ce faire preuve de bon sens, quand on a sous les yeux ces preuves évidentes de la désintégration des systèmes, de penser que les problèmes où se débat A.T.T. ne sont que des accidents de parcours ou des difficultés qui lui sont spécifiques? *On ne peut comprendre celles-ci que si on les replace dans la perspective d'un phénomène plus large — phénomène qui n'est rien de moins que la rupture de l'ordre industriel et l'émergence du nouvel ordre super-industrialiste.*

LE RÔLE CENTRAL D'A.T.T. DANS LA RÉVOLUTION SUPER-INDUSTRIALISTE

A.T.T. est inéluctablement vouée à avoir un rôle central dans la révolution super-industrialiste. Elle est l'une des forces essentielles qui engendrent cette vaste mutation de la société.

Primo, A.T.T. est en pointe dans la création des technologies avancées sur lesquelles s'édifie le nouvel ordre super-industrialiste. En introduisant certaines technologies nouvelles dans le système industriel — le transistor, par exemple —, elle a fortement accéléré le rythme global du changement et a ainsi contribué à déstabiliser le système.

Secundo, A.T.T. est un élément central de cette révolution parce que son champ d'activité est, justement, l'information. Autrefois, les ingrédients clés de la production étaient la terre, le travail humain et le capital. Demain — et demain est déjà arrivé pour beaucoup d'industries —, l'information sera la composante cruciale. En rendant possible un vaste et rapide transit de l'information dans la société, A.T.T. aide à faire naître le système super-industrialiste. Elle est elle-même un agent de changement révolutionnaire.

Tertio, A.T.T. joue un rôle particulier dans la mesure où elle est plus vulnérable aux attaques que la quasi-totalité des autres grandes corporations. Ses terminaisons nerveuses se ramifient littéralement jusqu'à la cuisine ou au bureau de M. et Mme Tout-le-Monde, et elles peuvent être stimulées à la demande par n'importe qui. Le niveau de stimulation au plan du réseau téléphonique est pour une large part déterminé par des forces que la compagnie elle-même ne contrôle pas.

Enfin, A.T.T. joue un rôle spécial tout simplement parce qu'elle est la plus grande corporation du monde. Ce qu'il adviendra d'elle dans les dix ou vingt années à venir affectera des millions de gens. Son exemple pourra faire accéder au leadership des milliers d'autres sociétés aux Etats-Unis et à l'étranger. Au contraire, sa faillite pour un motif quelconque ou, même, une défaillance temporaire, risquerait d'être à l'origine d'un séisme social et économique, de mettre en danger la sécurité des Etats-Unis et de retarder tout développement technologique responsable dans le monde entier.

Pour toutes ces raisons, il est impératif que le directoire d'A.T.T. se fixe un nouvel objectif pour les dix ou vingt prochaines années : *transformer la Bell System pour la faire passer de son actuelle forme industrialiste à une forme mieux adaptée à l'ordre super-industrialiste que l'on voit pointer,* et opérer cette transformation avec le moins de secousses internes possible tout en continuant de fournir des services de communications de base à l'ensemble de la société.

Pour sauter le pas, de nouveaux systèmes améliorés de planification seront indispensables. Ils devront, toutefois, reposer sur une lucide compréhension des forces sociales à l'œuvre au sein de la compagnie et une claire appréciation des différences fondamentales opposant l'industrialisme au super-industrialisme.

Chapitre 2

Ce que savait Theodore Vail (1885-1950)

LE COMMENTAIRE

Toute entreprise possède son credo, et ses articles de foi ont au moins autant d'importance que son système de comptabilité ou son organisation hiérarchique.

Quand une société est frappée de plein fouet par une vague de changements technologiques, elle est souvent amenée à réexaminer ses dogmes. Par exemple, la pilule contraceptive, l'ordinateur, les manipulations génétiques, la télévision par câble ont fait surgir des questions — sur la responsabilité parentale, le respect de la vie privée, le racisme, la pornographie et des foules d'autres. Et la société peut faire ce constat que certains de ses articles de foi dont l'origine se perd dans la nuit des temps ne sont tout simplement plus appropriés ou qu'ils sont périmés.

Une entreprise peut, de même, s'apercevoir que son credo est inadéquat dans la situation nouvelle où elle se trouve.

Mais déterminer les dogmes obsolètes d'une entreprise n'est pas chose commode car les idées les plus prégnantes sont justement celles qui prêtent le moins à discussion. Elles paraissent si évidentes qu'on les prend pour argent comptant et qu'elles font partie de ce que l'on pourrait appeler l'inconscient de la firme.

J'ai, pour cette raison, jugé bon de « psychanalyser » certains des axiomes de base qui avaient contribué à assurer la réussite de la Bell System. J'ai ainsi découvert que beaucoup d'entre eux avaient été formulés par Theodore Vail, ce génie de l'organisation aujourd'hui presque oublié, qui a créé la compagnie à l'aube du siècle.

Vail était un dirigeant « radicaliste » plutôt que « cumulatiste ». Partant de ce qu'il savait de la société industrielle naissante, il remit en question les postulats des entrepreneurs plus traditionnels.

Et, finalement, les idées de Vail devinrent une bible. Des générations de dirigeants de la compagnie furent formés par elles, et ils les acceptaient sans discuter parce qu'elles leur semblaient être vérités d'évangile. Plus encore, en tant que bases de la décision, ces axiomes étaient efficaces. La Bell était une réussite incroyable.

Mais lorsque l'on fit appel à mes services, les choses ne marchaient plus aussi bien. L'heure était venue de se demander si le credo de la Bell était encore un guide approprié pour l'action.

Une entreprise qui n'est pas constamment sur le qui-vive peut se retrouver soudain un beau matin avec des machines vétustes. Mais les idées rouillées sont encore plus dangereuses que les machines rouillées. Dans l'environnement d'aujourd'hui, qui change sur un rythme accéléré, une entreprise, quelle qu'elle soit, peut-elle vraiment conserver sa flexibilité si elle opère en vertu des croyances d'hier ?

LE RAPPORT

Il est indéniable que A.T.T. est une des grandes entreprises de l'histoire. Contrairement aux empires banquiers du Moyen Age ou aux vastes compagnies d'affaires de l'ère du négoce, A.T.T. est un produit de l'âge industriel. Sa phénoménale réussite eut sa source dans sa parfaite appréhension de l'environnement social où elle était condamnée à évoluer. Theodore Vail et les autres cofondateurs de la Bell System savaient, intuitivement ou consciemment, où allait et ce qui faisait fonctionner le système industrialiste. Forts de cette connaissance, ces hommes purent faire d'A.T.T. une institution parfaitement adaptée à son temps et à son contexte.

Voici quelques-unes des choses que Vail « savait » ou tenait pour évidentes en ce qui concernait le monde où il vivait. Il savait :

— Que la plupart des hommes attendent la même chose de la vie et que, pour la majorité d'entre eux, le but suprême est la réussite économique — et que, par conséquent, les récompenses de nature économique sont le moyen de les motiver.

— Que plus une entreprise est grande, plus elle est puissante et rentable.

— Que ce sont le travail, les matières premières et le capital, et non pas la terre, qui constituent les facteurs premiers de la production.

— Que la production de biens et de services standardisés est plus efficace que la production artisanale d'articles uniques et tous différents.

— Que le mode d'organisation le plus efficace est une bureaucratie dont chaque sous-groupe joue dans la hiérarchie un rôle immuable clairement défini — que c'est, en fait, une machine organisationnelle destinée à produire des décisions standardisées.

— Que le développement de la technologie contribue à standardiser la production et engendre le « progrès ».

— Que le travail doit être pour presque tout le monde routinier, répétitif et standardisé.

Cet ensemble de postulats sur le fonctionnement de la société industrielle permit aux hommes de la génération de Vail de formuler des objectifs réalistes et d'imaginer des techniques et des méthodes efficaces pour les réaliser.

Ainsi, dans les jeunes années de la Bell System, la standardisation était l'axe dominant. Durant cinquante ans, de 1900 à 1950 approximativement, le premier mot d'ordre de la société était : *One policy, one system, universal service.* Aucune autre devise n'aurait pu exprimer de manière aussi succincte les dogmes de l'ère Vail, et ce slogan résumait un objectif simple : saturer le marché.

Et comme, jusqu'à la fin des années 40, moins de 40 p. 100 des ménages américains étaient équipés du téléphone, ce n'était pas une petite tâche. Faire en sorte qu'il y ait un téléphone — le même et omniprésent téléphone noir — dans chaque foyer n'était pas seulement un objectif clair et facile à saisir : c'était un but indiscutablement louable. Et qui, en outre, avait une vertu mobilisatrice.

Le personnel d'A.T.T. savait ainsi quelle était sa mission, une mission, de plus, en parfaite harmonie avec l'esprit du temps. Elle était pleinement en accord avec l'environnement industrialiste. D'autres firmes avaient pour but que chaque foyer américain fût équipé de la même automobile, du même réfrigérateur ou du même aspirateur, situation que le mot célèbre de Henry Ford disant qu'il était possible d'avoir une Ford de n'importe quelle couleur « à condition qu'elle soit noire » définit à merveille.

Cet objectif — un service universel et standardisé — avait, au plan pratique, des implications d'importance. Cela voulait notamment dire que les méthodes de fabrication devaient être standardisées — et A.T.T. s'identifia avec la tentative à prétention scientifique visant à morceler la tâche de chaque ouvrier en une séquence standardisée de gestes routiniers d'une efficacité maximale. Une division rigide du travail était l'idéal pour sortir des millions d'articles identiques, et A.T.T. passa orfèvre en l'art de fragmenter toujours plus finement et les tâches et les responsabilités. La pression tendant à la standardisation se manifestait aussi en dehors de la ligne de production. Les opérateurs apprenaient à utiliser en perroquets des formules toutes faites. La diffusion hiérarchique de l'autorité d'A.T.T. en direction des sociétés sous-traitantes et des départements administratifs facilitait l'adoption de normes uniformes d'un bout à l'autre de la chaîne — depuis la formation du personnel et des spécialistes qualifiés jusqu'à la qualité du matériel, la facturation et les relations avec la clientèle. A partir de la Première Guerre mondiale, presque tous les constructeurs sortaient des camions peints de la même couleur verdâtre que les véhicules militaires. Et comme les firmes distribuaient des produits et des services identiques dans tous les Etats-Unis, on adopta d'un bout à l'autre de la nation un style et une stratégie du marketing mettant l'accent sur la notion de « service universel » de « la voix qui sourit ».

Aussi devons-nous bien comprendre que la standardisation va très loin. Ce n'est pas seulement le produit final qui est standardisé : standardisées sont également les méthodes de fabrication, de distribution et de service après-vente, les techniques d'élaboration et les formes d'organisation.

Bref, les dirigeants de la Bell se sont attachés à définir, et ce dans tous les domaines, des procédures toujours plus normalisées, toujours plus simplifiées, susceptibles d'être rapidement appliquées dans l'ensemble du système. Et le succès dans cette recherche de la standardisation à outrance des méthodes de travail fut pour beaucoup dans l'accession à la position dominante qui fut celle de cette société à l'âge industriel.

A la fin des années 40, le chiffre d'affaires annuel d'A.T.T. était de 2,9 milliards de dollars. La firme employait plus d'un demi-million de salariés, versait annuellement 21 millions de dollars de dividendes à ses 830 000 actionnaires, se taillait la part du lion sur le marché de la communication et était, de loin, une des plus grosses sociétés privées du monde.

DEUXIÈME PARTIE

La déstandardisation

Chapitre 3

La politique du téléphone rose (1950-1970)

LE COMMENTAIRE

La diversification croissante de l'industrie et de la société américaines à partir des années 50 est l'un des facteurs clés — et des plus méconnus — de l'économie des U.S.A.

A.T.T. a grandi dans une société de masse placée sous le signe des marchés de masse, de l'uniformité des biens et des services et de la production en grande série. La monotonie suburbaine et le conformisme (dont le maccarthysme fut l'expression politique) furent les caractéristiques de la vie américaine de ces années 50. Mais une diversification nouvelle des modes de vie, des façons de penser, du costume, des structures familiales et des besoins des consommateurs commença à se faire jour au cours de la décennie suivante.

Les industriels entreprirent alors de proposer à la clientèle des gammes d'articles plus variés se distinguant les uns des autres par la taille, la couleur, le modèle, à offrir des services et à adopter des méthodes diversifiés. Chaque firme avait le regard tourné sur la spécificité de son propre marché et les « commerciaux » n'avaient plus que le mot de « segmentation » à la bouche. Mais les sociétés conscientes de la relation existant entre leurs procédures de vente et les mutations profondes qui bouleversaient les structures sociales, culturelles et politiques de l'Amérique, n'étaient qu'une infime poignée.

Dans *Le Choc du futur,* paru en 1970, j'analysais ce phénomène nouveau : la diversité. Dans le rapport Bell, je posais la question de savoir quelles étaient les incidences de celui-ci sur une entreprise dont la réussite reposait sur une standardisation poussée au maximum. Une firme peut se plier à la diversité grandissante du marché en élargissant l'éventail de sa production — en jouant sur la taille, la couleur, la présentation du produit. Mais que se passe-t-il à l'intérieur de l'entreprise même ?

Si l'informatisation permet de réduire les coûts de la diversification, on n'a guère prêté attention aux conséquences de ces changements sur l'organisation de l'entreprise et les rapports humains. A.T.T. a commencé à ressentir ces conséquences avant beaucoup d'autres sociétés.

Aussi, elle a été pour moi un excellent laboratoire grâce auquel il m'a été loisible d'observer les transformations organisationnelles provoquées par l'émiettement des marchés. Le démantèlement historique d'A.T.T. m'est apparu, à son tour, presque comme un symbole — c'était une segmentation de l'organisation intervenant parallèlement à la segmentation toujours plus poussée de la société américaine.

LE RAPPORT

Au début des années 1950, l'objectif de Vail — saturation du marché et service universel — semblait presque atteint. Tournant les yeux vers l'avenir, les dirigeants de la Bell commencèrent à se demander si l'heure d'un changement d'orientation n'avait pas sonné, si, en fait, la firme n'avait pas besoin de se voir fixer un nouveau but.

De nombreuses compagnies dont le marché a atteint le point de saturation, multiplient les dimensions, les couleurs de leurs produits ou imaginent de nouveaux services. Elles passent, pourrait-on dire, d'une politique de pénétration verticale du marché à une politique de pénétration horizontale. Et la Bell se tourna, petits pas par petits pas — et plus par instinct qu'à la suite d'une réflexion approfondie, vers l'adoption d'une stratégie « horizontale ». Ce serait par la multiplication et la diversification des services proposés au consommateur que le but ultime de l'entreprise — le service universel — serait atteint. L'ère du téléphone rose, le téléphone Princess, était arrivée.

LA DÉSTANDARDISATION DU PRODUIT

Ce fut en 1954 que l'American Telephon & Telegraph entreprit la fabrication des premiers téléphones de couleur — huit couleurs différentes en tout. Puis apparurent successivement le *speaker-*

phone, le poste mural, le Princess et d'autres nouveautés encore. Bientôt, de nombreux ménages commencèrent à s'équiper de ce qui était, en fait, des systèmes téléphoniques individuels sur mesure : un mural blanc dans la cuisine, un appareil rose dans la chambre à coucher, un poste secondaire au sous-sol, etc. Et comme c'était un matériel en location, les usagers n'hésitaient guère à changer de coloris et de modèle chaque fois qu'ils faisaient repeindre une pièce ou redécoraient l'appartement (ce qui se produisait de plus en plus fréquemment en raison de l'accroissement de la mobilité des personnes et de l'augmentation du parc des logements locatifs). Même dans les studios, on installait un téléphone mural dans le coin-cuisine et un autre à côté du lit.

A cette diversification des appareils à usage individuel correspondait l'introduction de standards et de systèmes de communications intérieurs de plus en plus sophistiqués dans les entreprises. Sur ce marché, le développement rapide de l'informatique accélérait considérablement la prolifération de fabrications répondant à une demande spéciale. La Bell s'en tint jusqu'à la fin des années 50 au secteur de la communication vocale. Ensuite, on assista à une extension du réseau de transmission des données — dialogue homme-machine, machine-homme et machine-machine. En conséquence, outre la diversification de la demande toujours plus poussée en services du premier type, la Bell commença à répondre à la demande en matériels de traitement de plus en plus sophistiqués et spécialisés. Ainsi, en l'espace de dix ans, de 1958 à 1968, par exemple, la firme lança quarante-cinq modèles différents de systèmes *Data-Phone* compatibles avec deux cents variétés de machines de traitement de données allant des simples lecteurs de cartes codées aux ordinateurs géants.

La diversité des produits avait atteint en 1970 des proportions vertigineuses. Aujourd'hui, A.T.T. propose quelque 250 000 (personne ne connaît le nombre exact) services différents, depuis l'adaptateur spécial du combiné au système P.B.X. (ce qui revient à 25 cents par mois à l'abonné) jusqu'aux systèmes de communications individualisés pour les entreprises comme celui de la Lockheed Aircraft à 12 millions de dollars par an. La Bell produit environ 1 500 modèles d'appareils, dont des téléphones de six couleurs différentes, des téléphones de conférence, des téléphones à effleurement, des téléphones résistant aux explosions, des téléphones destinés aux mal-entendants, des téléphones sous-marins, etc.

LA DÉSTANDARDISATION DE LA PRODUCTION

L'infrastructure technologique de la Bell était l'objet d'une mutation allant de pair avec la différenciation ou la déstandardisation croissante de sa ligne d'articles. Les unes après les autres, d'importantes innovations — dont beaucoup nées dans les Bell Labs — transformaient en effet les bases technologiques de l'outil de communication. Les circuits intégrés, la mise au point de la bande fine et des milliers de techniques nouvelles de moindre portée avaient pour résultat d'augmenter considérablement la capacité du réseau Bell — mais cela au prix d'un gigantesque développement de la variété tant au plan des ateliers qu'à celui de la production.

Le réseau Bell aux 5 millions d'interconnexions possibles possède désormais plus d'un trillion de composants et ce nombre grossit rapidement. Ainsi, le système câble L-4 depuis peu installé pour relier Miami à Washington comportera plus de 10 milliards de composants alors que le « vieux » système L-3 en comprenait « seulement » un million. Mais cet accroissement n'est pas simplement quantitatif : il fait aussi intervenir une énorme prolifération des variétés de composants.

Un phénomène analogue se manifeste même au niveau du terminal. « Avec l'accroissement des modèles, de leurs coloris et des dimensions des câbles de connexions pour les points d'arrivée, le catalogue des articles proposés a dû s'étoffer à tous les niveaux », lit-on dans le rapport McKinsey sur la Western Electric.

Créer et monter ces composants toujours plus variés réclament une accélération parallèle de la diversification des ateliers et des procédures de production. Dans son rapport sur l'intégration technique de la Bell System, le Dr Hendrik W. Bode note que la marche à la déstandardisation entraîne une « tendance marquée à une diversité accrue des équipements utilisés par l'usine de téléphones et des méthodes de fabrication de ceux-ci ». De plus, le même auteur insiste une fois encore sur le fait que « la diversité (...) des procédures nouvelles » contraste avec le « cintrage de pièces métalliques autrefois en honneur ».

Mais *le corollaire le plus significatif de ces tendances a été le passage de lignes de production très longues à des lignes de production relativement courtes.* Citons encore le rapport Bode :

« La ligne de production (d'hier) semble rudimentaire par rapport aux normes actuelles (...). La vaste diversité des produits que fabrique la Western (...) (va maintenant) d'articles qui sortent par millions (d'unités) comme les postes pour les abonnés à des produits dont il ne sort annuellement que quelques douzaines (d'exemplaires)... »

« Nous fabriquons, disait un dirigeant de la Western Electric, de 8 à 9 millions de postes ordinaires du type 500 par an. Si l'on tient compte des différences de coloris et de celles des autres modèles, nous fabriquons environ 1 500 variétés de modèles. Ainsi, les lignes de production raccourcissent effectivement quand on offre un choix plus large au consommateur. »

En 1968, par exemple, la Western Electric définissait les trois quarts des postes manuels fabriqués dans ses usines de Shreveport et d'Indianapolis (qui, à elles deux, étaient responsables de la quasi-totalité de la production de cet appareil) comme des « instruments à fonctions spécialisées ou (des) modèles récents introduits au cours des dix dernières années ». Un poste sur quatre seulement entrait dans la catégorie des « téléphones à cadran d'emploi général ». Au lieu de séries de production extrêmement longues pour cette production, on avait des séries plus courtes de modèles d'une plus grande variété.

Par ailleurs, le système repose de plus en plus sur des opérations de sous-assemblage à l'unité par opposition aux grandes séries. Les nouveaux Electronic Switching Systems, centraux indispensables pour assurer la circulation des configurations d'une incroyable diversité de la demande, sont montés artisanalement un par un à la main et non plus à la chaîne. « Avant de nous convertir au tout-électronique, dit un ancien dirigeant de la Western Electric, nous n'avions que trois principaux types de centraux. A présent, il n'existe littéralement plus deux centraux téléphoniques exactement identiques. Chacun est fabriqué sur mesure en fonction des desiderata de la clientèle. » Et un autre dirigeant de la firme déclare : « Chaque central est différent (...) les heures de travail sont différentes, le nombre de lignes est différent, les codes d'appel sont différents, les tirelires (des cabines publiques) sont différentes, tout est différent. »

Bien que cela ait toujours été vrai jusqu'à un certain point, le nouveau matériel E.S.S. diffère fondamentalement de l'ancien Number 5 Crossbar. Il comporte un nombre tellement plus élevé de composants et de possibilités d'interconnexions qu'il nécessite un façonnage beaucoup plus fin. On peut prédire que, à mesure que les communautés elles-mêmes connaîtront une différenciation sociale, ethnique, économique, etc., plus poussée, les équipements seront à leur tour toujours plus variés.

Il importe de prendre conscience que *la notion de racccourcissement des lignes de production s'applique avec une force égale aux opérations autres que celles de fabrication.* Devant l'accroissement de la variété des services et des produits proposés, la compagnie, pour y faire face, est obligée d'inventer de nouvelles procédures. Mais plus celles-ci se multiplient, plus leur durée de vie diminue. Ainsi, dans le domaine de l'administration, des services commerciaux et des activités professionnelles de tous les jours, davantage de personnes font davantage de choses différentes alors que, dans le même temps, on constate un déclin généralisé de la répétitivité de leurs décisions et de la conduite des affaires.

Cela éclaire l'accablante impression de complexité qui a commencé à investir l'organisation de la Bell depuis une décennie, complexité qui exige des modalités de direction infiniment plus sophistiquées ainsi qu'un changement de mentalité et de qualification du personnel. Et une autre conception de la marche de l'entreprise, la volonté de jeter par-dessus bord quelques-uns des principes chers à l'âge industrialiste, est tout aussi nécessaire.

En résumé : *sur le spectre qui va de la production de masse standardisée à une extrémité à la production à exemplaires uniques à l'autre extrémité, on observe un retournement subtil de l'organisation de la Bell dans son ensemble. Au lieu de se rapprocher de l'idéal de standardisation maximale de Vail, elle va de plus en plus dans la direction opposée.* Dans cette démarche, et presque sans s'en rendre compte, la Bell System a commencé sa transformation en corporation super-industrialiste par opposition à la corporation de l'ère industrielle.

Chapitre 4

Le marché super-industrialiste de la communication

LE COMMENTAIRE

Qu'arrive-t-il lorsqu'une firme perd sa situation de domination dans une branche industrielle ? Est-ce obligatoirement un signe de mauvaise gestion ou de déclin ?

Avant de tenter d'apporter une réponse aux questions de ce genre, il est avant tout nécessaire de déterminer ce qui a changé. Ce dépérissement est-il le résultat d'actions concurrentielles superficielles dont des machines nouvelles ou une campagne de marketing intelligemment menée pourront avoir raison ? La firme est-elle victime d'une anémie pernicieuse dont est atteinte une industrie elle-même agonisante — ou en pleine croissance ? Ou bien, et c'est plus critique, ce déclin est-il lié à des mutations structurales affectant la société ou l'économie, et sur lesquelles l'entreprise n'a pas de contrôle ? Tant que ces questions restent en suspens, il est tout aussi impossible de définir les raisons de cette situation que d'élaborer une stratégie permettant la renaissance de la compagnie.

J'ai avancé dans le premier chapitre que les difficultés d'A.T.T. étaient, en réalité, d'ordre structural et liées à la différenciation de plus en plus marquée touchant l'industrie et la société américaines. A partir des années 60, cette diversité grandissante a créé une demande explosive de services en matière de communications, demande qu'aucune firme, pas même A.T.T., ne pouvait espérer satisfaire.

En 1972, quand je rédigeais ce rapport, il était déjà apparent que la Western Electric ne pourrait « jamais plus contrôler une part aussi large » qu'auparavant du marché des terminaux. Les satellites, la télévision par câble et les ordinateurs — technologies sur lesquelles A.T.T. n'avait pas prise — bouleversaient le secteur de la communication. Tout simplement, l'échelle et la complexité du changement laminaient même les ressources considérables de la Bell. Ce qui arrivait à A.T.T. s'inscrivait dans la logique de l'accession historique de la société de l'ère industrielle à l'âge super-industrialiste.

S'il en allait effectivement ainsi, les difficultés de l'entreprise ne pouvaient s'expliquer par l'hostilité du législateur, l'interventionnisme de l'Etat, la concurrence déloyale ou la mauvaise humeur des consommateurs. Leurs causes allaient bien au-delà.

On peut, je pense, en dire autant de bien des entreprises contemporaines. Les dirigeants qui imputent leurs difficultés à la concurrence étrangère, au prix du pétrole, à la « paresse » des travailleurs ou à l'interventionnisme de l'Etat ne font peut-être que se cacher, et cacher à autrui, les raisons structurales profondes des problèmes sur lesquels ils achoppent. Et peut-être sous-estiment-ils ainsi dramatiquement les mutations adaptatives requises pour survivre.

LE RAPPORT

Les décisions stratégiques de la Bell System qui furent à l'origine de ce courant déstandardisateur ne furent pas prises dans le vide. Elles ne furent pas, non plus, le résultat de considérations purement intérieures. On doit voir en elles la réponse de la direction de la Bell aux formidables pressions externes qui s'exerçaient, aussi bien, sur d'autres firmes de communications. En fait, si l'on examine l'évolution de l'ensemble de l'industrie de la communication au cours des vingt années passées, on est frappé par son parallélisme : une grande partie de ce qui se passait pour la Bell se passait pareillement pour d'autres sociétés. Le changement de l'environnement interne de la Bell System était directement en rapport avec les changements majeurs touchant son environnement *extérieur* immédiat : l'industrie de la communication.

En 1950, cette branche comptait relativement peu de firmes spécialisées en Amérique. Les relations de ces firmes entre elles et avec les pouvoirs publics étaient simples et relativement durables. Chacune avait des fonctions plus ou moins clairement définies au sein de la branche. Et A.T.T. n'avait aucun souci à se faire quant à la position dominante qui était la sienne.

Mais, en 1970, le marché de la communication s'était tellement atomisé en une poussière de compagnies offrant de si nombreuses options, qu'il s'agisse des services ou des produits, et se déployant en configurations temporaires si complexes qu'il était impossible de se faire une représentation cohérente de cette industrie.

Un certain nombre d'éléments, néanmoins, étaient évidents :

1. Le nombre des entreprises grossissait rapidement.
2. L'escalade des biens et services qu'elles proposaient était encore plus rapide.
3. Les relations entre les firmes, concurrentielles ou autres, se multipliaient selon une croissance exponentielle.
4. Les lignes de démarcations fonctionnelles entre ces firmes devenaient de plus en plus floues.
5. Enfin, la rente de situation d'A.T.T. était mise en péril.

LA DÉSTANDARDISATION DES TERMINAUX

En 1950, il n'existait en Amérique qu'un seul fabricant important de matériel de communications, la U.S. Western dont le chiffre des ventes annuel atteignait 840 millions de dollars.

Le marché explosa au début de 1970 : les ventes de la seule Western avaient grimpé à 4,8 milliards mais elle n'avait plus l'assurance de se tailler la part du lion sur l'ensemble du marché. Le *Wall Street Journal* indiquait que « la violente concurrence en matière d'équipements opérationnels est une grosse épine dans le talon de la Western Electric (...). Le bras séculier de la Bell System n'approchera jamais (plus) son ancien taux de croissance ».

On peut attribuer pour une part le bouleversement de ce secteur à la décision de la société Carterfone qui mettait en place un marché du terminal en développement rapide, fragmenté en d'innombrables segments qui, jusque-là, n'existaient pas. La clientèle avait brusquement besoin de matériels terminaux d'une incroyable variété.

Cette déstandardisation de la demande a conduit à une prolifération de fabricants rivalisant entre eux pour proposer des équipements trop spécialisés pour être produits par la Western, ce que confirme un important dirigeant d'A.T.T. de la côte ouest attribuant la multiplication des « consultants en téléphone » étrangers à la Bell aux « besoins complexes de (la) clientèle d'affaires ». Le président du département « matériel et systèmes de communications » d'I.T.T. déclare de son côté : « Le véritable atout (...) est la communication sur mesure que nous offrons. »

I.T.T. n'est, naturellement, que l'un des membres de l'armée aux dents longues qui a pris place sur le marché. Le *New York Times* note, par exemple, que G.T.E. et Stromberg-Carlson, pour ne pas parler des fabricants de terminaux étrangers comme la Nippon Electric Corporation, se préparent à se lancer dans la compétition pour s'approprier ce que l'on considère généralement comme un « marché virtuellement vierge[1] ».

Cette transformation du marché des équipements, jusque-là essentiellement homogène, en un marché placé sous le signe de l'hétérogénéité, passant de la diffusion massive d'un petit nombre de modèles à celle d'une large gamme de modèles conçus pour de petits groupes d'utilisateurs, voire pour l'usager individuel, survenait à un moment où la Western Electric avait déjà de gros soucis.

Au cours de ces années, la Western se métamorphosait d'arrache-pied, et à son insu, de l'organisation ayant pour objet la production de masse qu'elle était jusque-là en une organisation de type davantage super-industrialiste dont chacun des produits devait avoir sa propre chaîne de montage. Mais il lui était malaisé, en raison même de sa taille et des lourdes contraintes à elle imposées par la Bell System — les centraux de la nouvelle génération, par exemple — de faire face à une demande en pleine expansion, à un marché qui se différenciait à une cadence accélérée.

Dans cette conjoncture, on est conduit à penser que si la Western continue sans aucun doute à jouer un rôle primordial dans l'industrie du futur et obtient même, peut-être, une rentabilité encore jamais atteinte, elle ne contrôlera plus, désormais, une part aussi importante du marché des équipements terminaux.

Ce nouvel état de choses — et, il y a dix ans, la direction de la Bell aurait peut-être farouchement résisté à ses conséquences dans les faits — est à présent largement admis comme le prouve cette déclaration d'un haut responsable d'A.T.T. : « Nous sommes actuellement confrontés à (une) (...) situation en fonction de laquelle les besoins des marchés de la communication spécialisés se développent si rapidement (et où) la demande est si pressante que la question se pose de savoir si les entreprises de communications devront, et pourront, les satisfaire. »

Ainsi, en ce qui concerne le marché des équipements terminaux, les pressions extérieures poussant à la déstandardisation étaient trop puissantes pour que Bell pût les affronter avec ses seules forces.

1. Les interviews que m'ont accordées le président et les membres du directoire de la NEC à Tokyo confirment l'impression que l'entrée en lice de ce compétiteur pourra s'avérer un facteur important dans les jours à venir. (*N.d.A.*)

LA DÉSTANDARDISATION DES MOYENS DE TRANSMISSION

Quand, en 1962, A.T.T. lança *Telstar,* le premier satellite de communications, il était couramment admis au sein de la firme que celle-ci était destinée à contrôler, elle et elle seule, les communications par satellites tout comme elle avait, pour l'essentiel, eu des années durant le contrôle des émetteurs hautes fréquences et des câbles sous-marins assurant les communications internationales. La création de COMSAT porta un rude coup à cet axiome. En vérité, la licence accordée par la Federal Communications Commission ouvrait largement la porte aux satellites privés concurrents, et ce dans le domaine des communications intérieures aussi bien que dans celui des liaisons internationales.

Dès lors, il fut beaucoup question dans les instances politiques de propositions de mises sur orbite de systèmes de satellites ou de création de sous-réseaux qui court-circuiteraient le réseau Bell. General Telephone and Electronics et la société Fairchild Hiller, entre autres, avaient toutes deux sollicité de la F.F.C. l'autorisation de mettre leurs propres satellites en service. De son côté, COMSAT envisageait de lancer un système de satellites qui assurerait le transit de données dont l'expansion ne cessait de croître.

Enfin, dans une proposition présentant un intérêt tout particulier, M.C.I., Lockheed Missiles et Space Division avaient annoncé la constitution d'une société, la M.C.I.-Lockheed Satellite Corporation, et peaufinaient les plans d'un nouveau satellite de communications intérieures qui serait mis en chantier en 1975. Grâce aux prêts importants garantis à Lockheed par le gouvernement fédéral, ce projet pourrait aboutir à la création d'un système de satellites entrant en concurrence avec A.T.T. même compte tenu du financement fédéral indirect dont celle-ci bénéficie.

Le 16 juin 1972, la F.C.C. ratifia une politique pluraliste *(« multiple entry » policy)* du marché des satellites intérieurs prévoyant une limitation de la participation d'A.T.T., d'où une nouvelle concurrence potentielle pour le marché des lignes longue distance de la Bell. Ce que seront les conséquences de la décision de la F.C.C., l'avenir nous le dira mais la direction du changement est claire : le ciel ne sera pas contrôlé par une seule et unique société ; et il y a de fortes chances pour qu'une multiplicité de services et de sous-réseaux soit offerte au consommateur.

Au sol, on observe une tendance similaire, peut-être même plus prononcée encore, à la diversification et à la déstandardisation. C'est particulièrement vrai pour le marché du transit des données qui, toutes les prévisions concordent sur ce point, connaîtra un rythme d'expansion extrêmement rapide au cours des toutes prochaines années. En 1970, quelque 80 p. 100 de la totalité de la circulation des données passe par la Bell System, ce qui représente 3 p. 100 de ses bénéfices. D'après certains calculs, ces opérations en représenteront 50 p. 100 — 10 p. 100 selon les estimations les plus pessimistes.

Toutefois, et en partie en raison de la difficulté qu'elle a à satisfaire les différents besoins de la clientèle en matière de transmission de données, A.T.T. fait face, à la fois comme vecteur généralisé et comme opératrice de lignes de communication privées, à une concurrence acharnée. Le marché des données, peut-être encore plus que celui de la communication vocale, se caractérise par une exigence de déstandardisation, que l'on parle d'« une large gamme de services personnalisés », de « vecteurs de services spéciaux » ou de « réseaux téléphoniques sur mesure ». En fait, dans l'affaire de la M.C.I., la F.C.C. s'est placée dans la perspective selon laquelle les détenteurs de licence « développeraient de nouveaux marchés spécialisés au lieu d'entrer en compétition (pour s'approprier les marchés) existants ».

Il semble donc hautement probable que, pour ce qui est du marché de la transmission des données, A.T.T. entrera en rivalité avec de puissants réseaux d'émissions sur ondes ultra-courtes. Selon le *New York Times,* dans les dix-huit mois qui ont suivi la décision favorable de la F.C.C. concernant la demande de licence de la M.C.I., « 30 autres sociétés ont demandé l'autorisation de créer près de 2 000 postes émetteurs à ondes ultra-courtes répondant à diverses utilisations spécialisées, depuis le projet de la West Texas Microwave Company prévoyant de relier les plus grandes villes du Texas pour un coût de 5,5 millions de dollars jusqu'à la candidature de la Data Transmission Company désireuse de construire un réseau national à décrochage de 375 millions de dollars ». Comme en 1970 — l'histoire a de ces ironies ! —, la M.C.I. voyait déjà trois firmes lui faire les yeux doux pour se partager les marchés de la côte pacifique : Southern Pacific R.R., Microwave Service Co. et Sierra Microwave.

Bien que ces projets n'aient pas tous été approuvés et que certains ne verront peut-être jamais le jour pour d'autres raisons, le fait est là, essentiel : la diversification et la déstandardisation grandissantes de la demande sur le marché des données aussi bien au sol que dans le ciel.

Aussi est-ce *une erreur que croire que l'apparition de ces systèmes de transmission rivaux ne soient qu'un écrémage* rendu possible par la rigidité ou l'hostilité de la F.C.C. L'intérêt suscité par la M.C.I. et bien d'autres groupes ne tient pas *seulement* à une guerre des tarifs qui met A.T.T. en fâcheuse posture mais, aussi, au fait qu'ils proposent des services hautement spécialisés que, pour une raison ou pour une autre, la Bell s'est révélée incapable de fournir ou a renâclé à le faire.

Paradoxalement, *les réussites de l'ère Vail dans la création de moyens visant à réaliser un « service universel » doivent être aujourd'hui réexaminées à la lumière d'un marché de la communication caractérisé par une demande de plus en plus morcelée en sous-marchés hautement spécialisés.*

A.T.T. est tout autant handicapée au plan de la lutte contre la concurrence par les prescriptions de la F.C.C. tendant à la standardisation des barêmes dans certains domaines que par ses propres traditions de standardisation. En conséquence, même si la Bell était autorisée à pratiquer une concurrence loyale sur le terrain des tarifs, elle risquerait encore de se heurter à des obstacles considérables si elle ne déstandardisait pas ses produits plus rapidement qu'elle ne le fait déjà.

LA DÉSTANDARDISATION DES SOURCES DU MESSAGE

La multiplication et la différenciation des moyens de transmission et de réception ne sont pas seules en cause : un processus analogue, et c'est capital, se fait jour dans un autre secteur : la source du message. Les récentes innovations en matière de télévision par câble et de vidéocassettes représentent un bond en avant technologique susceptible d'avoir un impact énorme sur les grands réseaux et les stations émettrices d'aujourd'hui.

A.B.C., N.B.C. et C.B.S., envisagés comme « producteurs », ont été conçus en fonction des mêmes postulats que ceux de la génération de Vail quand elle avait créé la Bell System bien des années auparavant. Ces postulats tendaient sans équivoque vers la centralisation de la production et, en maillant les stations locales, les réseaux réussirent à centraliser — et à « massifier » — celle-ci. Ils aboutissaient à l'augmentation de l'indice d'écoute d'un programme donné, d'où l'amortissement des coûts de production pour un nombre plus élevé d' « unités ». Ainsi, la radiodiffusion telle qu'on la connaissait reposait-elle d'une part sur la rareté des canaux, d'autre part sur la diffusion des programmes en direction d'un grand nombre de points de réception à partir d'un unique centre émetteur. Des millions de téléspectateurs voyaient le même spectacle de Johnny Carson, écoutaient les mêmes informations présentées par Walter Cronkite. En substance, ils consommaient le même produit standardisé.

Le câble et la vidéocassette auront, cependant, pour effet de multiplier radicalement le nombre des sources de messages, de décentraliser et, surtout, de déstandardiser la production. Le système véhiculera toujours davantage de messages différents ; des infra-groupes de consommateurs, voire des usagers individuels, capteront des programmes destinés à satisfaire leurs besoins, leurs goûts, leurs intérêts précis[1]. En vérité, la frontière entre le producteur et le consommateur devient poreuse lorsque, grâce au magnétophone, au magnétoscope et au câblage, tout individu, tout groupuscule a la capacité de produire sa propre programmation. Même les expressions comme « *mass*-médias » et « télédiffusion » (*broad*casting) demanderont à être révisées.

Ce processus recoupe directement le phénomène de déstandardisation généralisée qui affecte d'autres secteurs du marché de la communication alors que celui-ci commence à prendre sa forme super-industrialiste.

Parallèlement, le développement accéléré de la télévision par câble, de même que le pullulement des systèmes de satellites et d'ondes ultra-courtes, est de nature à diversifier davantage encore la concurrence à laquelle se heurte A.T.T., en particulier dans le domaine de la *broadband* en cours d'expansion rapide. Le président d'une importante société de télévision par câble définissait

1. Ainsi, le *Wall Street Journal* fait observer que « la télévision par câble devrait se révéler la meilleure formule pour les annonceurs depuis l'invention des hommes-sandwiches. Quand les systèmes (de communication) s'affinent, les publicités peuvent être ciblées sur de petites audiences bien spécifiques. — chaque abonné habitant à un jet de pierre de telle épicerie, par exemple, dans tel beau quartier ou tel ghetto. Contrairement à ce qui se passe pour la télévision traditionnelle ou pour la presse et les magazines populaires, l'annonceur n'aura rien à débourser pour communiquer son message à tout un chacun alors qu'il vise uniquement un groupe déterminé. Des messages différents pourraient être envoyés simultanément à des groupes différents ». (*N.d.A.*)

succinctement ce défi dans le numéro de *Communications News* de décembre 1970 de la façon suivante : « Je pense qu'il n'est ni facile ni judicieux de nous ignorer plus longtemps (...). Nous ne nous considérons plus simplement comme une société télévisuelle mais, plutôt, comme l'un des éléments d'une nouvelle race (...) une société de communications *broadband*. En fait, nous voyons dans la télévision par câble le fer de lance d'une révolution (...) ou, plus précisément, d'une évolution de la *broadband*. Nous n'y voyons qu'un début (...) l'un des maillons qui, demain, fera aussi appel aux satellites de communications et aux faisceaux hertziens d'ondes ultra-courtes pour la diffusion ponctuelle (...) et Dieu sait ce que nous réserve après-demain (...). Nous ne parlons donc pas seulement d'un réseau câblé national mais d'un réseau *broadband* national considérablement plus souple et plus sophistiqué. »

La sophistication potentielle à laquelle atteindra le système C.A.T.V. dans les dix ans à venir est d'ores et déjà inscrite dans l'intention déclarée de la Teleprompter Corp de s'associer avec Hughes Aircraft pour mettre sur pied un émetteur à ondes ultra-courtes et de demander une licence pour placer sur orbite un satellite intérieur constitutif d'un *network* câblé desservant dès à présent 100 systèmes opérationnels dans 29 Etats.

Selon le Dr Peter C. Goldmark, ancien président des C.B.S. Laboratories, pareil couplage entre le câble et le satellite ne déboucherait pas simplement sur une plus grande diversité des programmes de variétés : il pourrait renforcer les canaux nationaux, régionaux et locaux des agences fédérales chargées de l'action sanitaire, de la lutte contre la criminalité, de la formation éducative, de l'aide sociale, etc.

Il est encore trop tôt pour savoir si C.A.T.V. développera effectivement une technique interactive, trop tôt pour savoir dans quelle mesure elle empiétera sur la chasse gardée d'A.T.T. et de Picturephone, non seulement pour ce qui est de la transmission des données mais aussi dans le domaine des services tels que les achats, les opérations de banque, les programmes et les réservations de spectacles, etc. Il y a cependant toutes raisons de penser que les tendances marquant le marché de la communication *broadband* suivront le courant de diversification caractérisant globalement les autres secteurs de l'industrie de la communication.

L'incapacité de discerner les rapports invisibles de ces processus de déstandardisation est au cœur de nombre des difficultés à long terme d'A.T.T. car cette pression généralisée de la différenciation est beaucoup plus puissante et plus importante qu'il n'y paraît au premier abord. *Ce mécanisme de fragmentation — qu'il s'agisse des produits et services d'*A.T.T.*, de l'organisation interne et des méthodes de l'entreprise ou du marché de la communication dans son ensemble — ne peut être convenablement appréhendé que si on le considère comme un phénomène particulier s'inscrivant dans un processus révolutionnaire d'une bien plus vaste ampleur.*

LA DÉSTANDARDISATION DU CONTEXTE SOCIAL

A.T.T. baigne dans un contexte social. Comme le poisson dans son aquarium, comme l'astronaute dans sa capsule, la firme dépend entièrement de son environnement. Le marché de la communication, sur lequel les responsables de l'entreprise gardent les yeux fixés, n'est pourtant que la partie visible de l'iceberg de l'environnement. Au bout du compte, *ce qui secoue A.T.T. est, dans une très large mesure, la conséquence de changements qui ébranlent la société en tant que telle.*

Si l'on se tourne vers d'autres industries que celle de la communication, le parallélisme est frappant, là aussi. Bien rares sont celles qui ne multiplient pas les séries, les modèles, les caractéristiques, les calibres de leurs productions. La mode n'est que l'illustration la plus ostensible de cette orientation. Le « look » standard unique a fait son temps : la variété du vêtement est maintenant tout simplement fantastique. Même dans ce pays relativement conservateur qu'est la Grande-Bretagne où la production de chemises blanches pour les hommes se taillait naguère la part du lion, les chemises bariolées représentent aujourd'hui 70 p. 100 du marché intérieur.

Dans le secteur de la lingerie, où, en principe, la notion de mode a moins d'impact, un ancien distributeur déclare : « Nous proposions autrefois en promotion un slip sur mesure ou garni de dentelle pour 3,99 dollars. Maintenant, on s'efforce d'avoir un large éventail de tailles, de coloris, de styles. Pourquoi ? Les gens ne veulent plus qu'on leur impose un article bien précis. Ils veulent avoir du choix, de la variété. »

Marchandises en vrac à monter, carburants, denrées alimentaires, cigarettes, accessoires d'ameublement — le même principe (déstandardisation de la production pour répondre à l'élargissement de la demande du consommateur) est à l'œuvre.

Prenons la construction automobile : en dépit de la politique de standardisation chère à son père fondateur, Ford emploie pour lancer sa Mustang les arguments de vente suivants : « Ce sont trois versions différentes, six moteurs différents et cinquante-cinq options différentes qui contribuent à rendre chaque Mustang aussi unique que son propriétaire. » Pourtant, la multiplication des options offertes est encore, semble-t-il, insuffisante, tant et si bien que de plus en plus d'utilisateurs — et, en particulier, les jeunes — « bricolent » leur engin ou le personnalisent davantage. En Californie, qui vit éclore de nombreux courants consuméristes, l'automobile a fait l'objet d'une transformation radicale. Un article récent décrit en ces termes le présent paysage automobile « conventionnel » californien : « Menaçantes motos à enjoliveurs chromés, fourches rallongées, échappements relevés et coupe-vent démesurés (...) bolides gonflés rugissant et bagnoles présentant une douzaine de silhouettes différentes et une centaine de coloris — abricot, rose bonbon, bleu de Prusse, saumon, sang-de-bœuf (...). Fourgonnettes de toutes marques — V.W., Ford, Chevrolet et même des camions de livraison de lait et des voitures postales reconvertis — repeintes en délirantes couleurs psychédéliques (...) des défilés d'antiques tacots restaurés avec fidélité... » Et j'en passe.

Il ne s'agit pas d'autre chose, en l'occurrence, que d'une dynamique de l'individualisation reflétant l'acte de foi du consommateur que quelqu'un définissait par cette exclamation : « Je ne suis pas comme les 20 000 autres. Je suis quelqu'un. » Cette recherche de la personnalisation de la technologie procède de la même pulsion qui incite les jeunes à javelliser leurs blue-jeans et à y coudre des empiècements. Et il y a parallélisme entre cette tendance et l'attrait pour les téléphones rétro qui, à son tour, traduit la demande des industriels réclamant toujours davantage de lignes privées spécialisées ou d'installations P.B.X. sur mesure.

Ce n'est pas seulement sur le marché ordinaire de la consommation que grandit le besoin de déstandardisation.

Dans l'éducation, on observe une forte tendance à « l'individualisation de l'instruction ». L'introduction de « programmes à la carte » comme moyen de casser l'uniformité des systèmes scolaires et, en conséquence, des services qu'ils fournissent, fait l'objet de chaudes discussions. La création d' « universités libres », d' « écoles ouvertes » et le combat des groupes noirs, chicanos ou portoricains pour prendre en main le contrôle collectif des systèmes scolaires à l'échelle locale constituent autant d'indices de l'offensive de la déstandardisation.

En ce qui concerne les mass-médias, nous assistons au déclin de ce que l'on pourrait appeler les « mégamagazines » porteurs d'un message standardisé s'adressant au plus grand nombre de lecteurs possible. Alors que meurent *Look* et *The Saturday Evening Post,* alors que *Life* s'accroche pour ne pas couler, des centaines de nouvelles publications surgissent, « minimagazines » visant une audience spécialisée réduite — les véliplanchistes, les pilotes privés, les *teenagers,* les passionnés du volant, les retraités, les producteurs d'agro-alimentaire organique, etc. En même temps, toute une presse underground variée naît d'un bout à l'autre du pays, elle-même morcelée en pages spécialisées porteuses de messages encore plus particularisés, ciblés sur les Noirs, les juifs, les « fondus de la vidéo » et autres sous-groupes.

Cet éclatement de ce qui était jadis un marché économique relativement stable et homogène en une poussière de marchés miniature toujours plus nombreux et temporaires reflète et approfondit les clivages affectifs, ethniques, religieux, professionnels, régionaux, de générations caractéristiques de notre société.

Nous sommes en train de nous éloigner rapidement de la notion du melting pot *américain* en vertu de laquelle toutes les déviations, toutes les différences doivent se fondre dans un « mode vie américain » homogène ; bien au contraire, nous nous dirigeons vers un système reposant sur une différenciation socio-culturelle plus poussée qu'elle ne le fut jamais.

A son niveau le plus élémentaire, on peut prendre pour mesure de la balkanisation de notre société la division sans cesse plus fine du travail. La dernière édition du très officiel *Dictionary of Occupationnal Titles* ne comporte pas moins de 27 741 articles.

A un autre niveau, moins aisément mesurable mais d'une égale importance, nous voyons émerger de manière accélérée de nouvelles sous-cultures — les hippies, les motards, les groupes noirs africanistes, les véliplanchistes et bien d'autres encore qui, tous, affirment des valeurs non seulement en contradiction avec la « morale protestante » classique du passé mais qui sont aussi mutuellement en conflit. Nous sommes également témoins d'un phénomène complexe d'interconnexion d'influences de telle sorte que les modalités de l'action politique des Noirs sont promptement adoptées — et modifiées — par le Women's Lib [1] ou le Gay Power [2].

Ainsi, contrairement à ce que l'on prédisait depuis soixante-quinze ans, la population américaine, au lieu de gagner en uniformisation, a commencé à devenir plus variée, plus diverse et plus complexe. Et de même que les individus tendent à se différencier de plus en plus entre eux, ces sous-cultures suivent une démarche identique, ce qui a pour effet de renforcer, au lieu de les effacer, leurs points de divergence. *Beaucoup des problèmes posés par le maintien de « l'ordre » et de « la loi » qui nous assaillent viennent précisément de l'incapacité des collectivités et des systèmes juridiques existants à prendre en compte cette nouvelle diversité d'un ordre plus élevé.* Ce qui craque sous la pression de cette puissante force centrifuge, ce n'est pas seulement la « loi » mais, et c'est plus important, l' « ordre » sous-jacent.

Cela nous aide à mieux comprendre la poussée « décentralisatrice » qui se manifeste à travers les concepts de « partage des revenus » ou d' « autonomie des collectivités ». John Lindsay, le maire de New York, a fait des propositions de décentralisation administrative et suggéré la création de soixante-deux conseils de planification de communautés comme moyen de pallier cette complexité. Le président de W.M.C.A. Radio, et il est loin d'être le seul, a, de son côté, sérieusement proposé que la Ville de New York fasse sécession d'avec l'Etat de New York. A mesure que ce processus de fragmentation se poursuivra, nous entendrons avant longtemps émettre en nombre toujours plus grand d'autres propositions visant à ce que des quartiers ou des secteurs urbains fassent partition.

Ainsi, les mêmes et puissantes pressions en faveur de la déstandardisation sont agissantes sur le marché de la consommation, dans l'éducation, dans la presse, dans la politique et dans bien d'autres domaines encore. Celles qui se font simultanément jour dans différentes branches industrielles et différentes sphères d'activités sont un élément important de la révolution super-industrialiste. Pour comprendre comment elles affecteront la Bell System, il nous faut en premier lieu déterminer leur source. Autrement dit, savoir pourquoi le marché de la consommation et, de façon plus générale, notre système social, tendent vers une diversification croissante.

1. Mouvement de libération de la femme.
2. Mouvement des homosexuels.

LES SOURCES DE LA DÉSTANDARDISATION

Au cours des dernières années, le mouvement déstandardisateur a été la résultante de plusieurs forces concourantes dont la plus évidente fut l'élévation du niveau de vie. En 1950, le revenu annuel moyen de l'Américain était de 2831 dollars : il avait atteint en 1969 le niveau de 7659 dollars.

La période 1950-1970 vit donc apparaître aux U.S.A. un très grand nombre de ménages disposant de moyens financiers susceptibles d'être utilisés pour des services allant au-delà des nécessités élémentaires, pour acquérir du superflu et pour satisfaire à des besoins relativement individualisés.

Quand une population vit au-dessous ou juste au-dessus du niveau de subsistance, ses besoins sont, dans l'ensemble, comparativement uniformes. L'alimentation, l'habillement, le logement, les soins médicaux de base, les transports domicile-lieu de travail et *vice versa* et les moyens de communication sous leur forme la plus simple sont des impératifs partagés par tous ; en conséquence, ces divers biens et services peuvent être fondés sur la standardisation grâce à la production en grande série et en fonction des critères de l'économie classique.

Cependant, l'accroissement de la richesse a pour effet d'élargir l'éventail des désirs. Le consommateur qui peut se prévaloir de liquidités ou d'un crédit important commence à réclamer des biens ou des services épousant ses goûts particuliers. On voit, alors, le marché se parcelliser et surgir une incroyable variété de services et de produits nouveaux — clubs de vacances, automobiles de luxe, vaste choix d'articles de toilette, magazines destinés à des mini-audiences, haute couture, restaurants gastronomiques, traitements psychanalytiques, planches à voile spécialisées, etc. — qui, en quelque sorte, ratissent l'argent disponible.

Ce changement radical traduit *le passage d'une économie reposant sur la satisfaction d'un petit nombre de besoins « viscéraux » à une économie visant à satisfaire aussi bien les exigences infiniment variées de la « psyché »*.

L'éducation a également contribué à cette déstandardisation des besoins. Son niveau s'élevant, les consommateurs se sont davantage familiarisés avec la façon dont vivaient d'autres gens en d'autres temps et dans d'autres lieux. Ils acquéraient un certain sens de la diversité des modèles de comportement et une conscience beaucoup plus large des possibilités qui s'offraient à eux dans le cadre d'une culture placée sous le signe de l'opulence. L'imagination du consommateur était encore enrichie par les voyages qui, durant les deux dernières décennies, ont permis à des millions d'Américains d'être directement confrontés à des styles d'existence, des modes, des valeurs et des produits étrangers. Et les médias apportaient par procuration à ceux qui n'avaient pas la possibilité de voyager l'image de formes de consommation et de modes de vie différents.

Aussi était-il inévitable que l'effet combiné de l'éducation, des voyages et de l'audiovisuel élargisse et diversifie davantage les exigences des consommateurs. La montée de la démographie renforçait encore ces tendances. De 1950 à 1970, la population des Etats-Unis augmenta approximativement de 50 millions d'habitants, soit presque l'équivalent de l'actuelle population de l'Angleterre ou de la France. C'était comme si une nation étrangère tout entière avait été transplantée et s'était établie à l'intérieur de nos frontières.

Cette image est moins tirée par les cheveux qu'il n'y paraît au premier abord si l'on se rappelle que ces 50 millions de nouveaux Américains, la première génération à grandir dans un environnement dominé par la densité des réseaux de communications et modelée par une extrême rapidité de changement, se sont révélés être fort différents de leurs parents. Cette génération de l'après-guerre, nation dans la nation, entraînait donc dans son sillage des exigences encore plus variées, réclamant des biens et des services qui n'existaient pas auparavant — ce que l'on a appelé le marché jeune.

Pourtant, tous ces facteurs furent probablement moins décisifs que le changement de nature révolutionnaire qui affecta la technologie elle-même.

Tout au long de l'âge industriel, *la technologie poussa fortement à la standardisation,* et pas seulement la standardisation de la production mais aussi du travail et du travailleur. *A présent émerge une technologie d'un type nouveau dont le résultat est diamétralement opposé. En deux mots, alors que les machines industrialistes standardisent, les machines super-industrialistes déstandardisent.*

La meilleure illustration de cette nouvelle « loi » de la société est le canon laser à logiciel, dont le brevet a été récemment déposé, utilisé dans l'industrie du vêtement. Cet instrument, mis au point par Hughes Aircraft Corp pour Genesco, Inc., le premier fabricant et le premier fournisseur en confection des Etats-Unis, est un pur exemple de technologie super-industrialiste qui se démarque brutalement de la technologie industrialiste à laquelle elle va bientôt se substituer.

Avant la révolution industrielle, les chemises pour hommes étaient confectionnées une par une à la main, et la standardisation n'existait pas. Il n'en n'existait pas deux qui fussent identiques. Chacune était taillée aux mesures d'une personne bien précise.

L'industrialisation apporta la production de masse. Dans l'usine de confection type de l'ère industrielle, l'ouvrier empilait les pièces de tissu, traçait le patron sur celle du dessus et massicotait la pile d'un seul coup en suivant celui-ci. Les hommes d'affaires, imbus des préceptes économiques de l'âge industriel, s'efforcèrent de réduire les coûts en munissant les tailleurs de massicots plus puissants afin qu'ils pussent couper davantage de pièces identiques d'un même geste.

La nouvelle technologie super-industrialiste, autrement dit le canon laser informatisé, ne coupe pas, lui, une plus grande quantité de coupons simultanément. Au contraire, il les coupe un à un — mais plus vite et plus économiquement que le gros massicot qu'il a remplacé. Cet outil super-industrialiste ne travaille plus à l'emporte-pièce. Il peut, dit le président de la Genesco, M. Franklin M. Jarman, « être programmé afin de répondre de manière économique à une commande portant sur une pièce unique ». Il se peut que cette innovation se solde finalement par la mise au rancart du système actuel de coupe standardisée du vêtement et rende possible un retour total à la déstandardisation — le sur-mesure à façon — porté à un niveau supertechnologique.

Dans bien d'autres branches, des progrès similaires réduisent le coût technologique de la diversification du produit fini à tel point qu'on en arrivera peut-être à fabriquer des articles uniques à meilleur prix que si on les fabriquait en grandes quantités.

Ce développement en trois phases — artisanat, puis production de masse et, enfin, passage à un néo-artisanat sous une forme supérieure — est l'une des clés permettant de comprendre l'économie super-industrialiste.

Nous assistons donc à l'entrée en scène simultanée de deux forces indissociables ; d'un côté, une déstandardisation rapide des désirs du consommateur ; de l'autre, une technologie nouvelle ouvrant la voie à la déstandardisation ultime : la production à l'unité. En outre, on constate que toutes ces forces déstandardisatrices — à l'exception, peut-être, de la croissance démographique — s'intensifieront selon toute vraisemblance au cours des années à venir. Bref, ces courants techno-sociaux préparent l'avènement d'un nouvel environnement industriel et annoncent l'élaboration nécessaire de postulats inédits au plan de la marche de l'entreprise.

Jadis, l'entreprise qui savait se standardiser avec l'efficacité optimale était capable de l'emporter sur ses concurrents. Demain, ce sera peut-être l'entreprise qui saura opérer une déstandardisation efficace qui triomphera. Elle se laissera porter par le flux du changement, exactement comme l'ont fait autrefois Theodore Vail et son équipe mais à une époque entièrement différente de la nôtre.

TROISIÈME PARTIE

L'escalade de l'innovation

Chapitre 5

La stratégie de la surprise

LE COMMENTAIRE

Aucun des problèmes qui se posent à l'industrie américaine n'est plus important et aussi mal compris que celui de la novation. Même des entreprises qui consacrent de gros crédits à la recherche et au développement ont beaucoup à apprendre quant aux implications de cette politique dans les secteurs de leur organisation étrangers au travail des bureaux d'études.

Si la recherche et le développement engendrent un torrent de produits nouveaux, quelles conséquences cela aura-t-il sur la vie intérieure de l'entreprise ? Et quels rapports se nouent-ils entre l'innovation et la diversification de la ligne de production d'une part, de la structure organisationnelle d'autre part ?

Mais la novation ne se limite pas aux produits ni même aux technologies. Elle est aussi une affaire d'hommes, et c'est là un problème que toute entreprise doit prendre en charge, quelles que soient ses dimensions. J'ai traité dans ce présent chapitre de ce que je considère comme un principe clé pour la gestion de l'innovation : le « taux de novation ».

A certaines périodes de son existence, une firme a à affronter des niveaux d'innovation très élevés alors qu'à d'autres moments ce niveau est bas. Cela pose la question de savoir quel style de direction s'impose. Une entreprise faiblement novatrice réclamera peut-être des managers « cumulatistes » et une qui est fortement novatrice une direction « radicaliste ». Autre possibilité : la même société aura besoin de modalités de gestion différentes à différentes phases de son existence.

Le problème de l'innovation a aussi des répercussions sur les décisions économiques (faut-il vendre ? faut-il acheter ?) et sur la notion d'intégration verticale. Le taux de novation permet en partie d'expliquer pourquoi des entreprises pratiquant l'intégration verticale peuvent être moins aisément manœuvrables, moins souples que des entreprises où l'intégration verticale n'est pas en honneur.

Je soutiens, enfin, que de nombreuses sociétés — et pas seulement A.T.T. — sont confrontées à une élévation des taux de novation de leur environnement extérieur aussi bien que de leur environnement intérieur. Un exemple de ce fait qui préoccupait fort les managers à l'époque de la rédaction de ce rapport était le mouvement consumériste. Si, depuis 1972, celui-ci a perdu un peu de son dynamisme en cessant d'être une nouveauté et si telles ou telles données auxquelles je faisais allusion me paraissent avoir vieilli, le thème général de mon argumentation tendant à démontrer que le niveau d'incertitude de l'environnement est en progression croissante est, je le crois, encore plus valable aujourd'hui. Et cela nous conduit tout droit à ce qui est la fonction maîtresse du management : la prise de décision.

L'un des points forts de la Bell System au fil des ans a été son aptitude à sécréter une bureaucratie efficace — de « lire ses décisions dans son bréviaire ». Mais si s'en remettre à son bréviaire peut être une attitude parfaitement légitime lorsque l'environnement est familier ou stable, cela peut, au contraire, se révéler désastreux dans un environnement nouveau en voie de transformation rapide alors que les problèmes auxquels on se heurte sont, eux aussi, nouveaux et qu'ils se modifient rapidement.

Les défis de cet ordre laissent fréquemment pantois les managers à la pensée linéaire, habitués à chercher des solutions directes à des problèmes francs et carrés. C'est pour cette raison que la novation de haut niveau, que ce soit à l'intérieur ou à l'extérieur de l'entreprise, réclame précisément de l'encadrement les talents que broient les bureaucraties traditionnelles.

LE RAPPORT

A.T.T. est l'une des sociétés américaines les plus ouvertes à l'innovation. Les contributions qu'elle a apportées à la science et aux techniques compteront comme la grande prouesse de notre temps. Si l'on compare le pourcentage des ventes de la Western Electric à celui de la Bell System, on constate qu'A.T.T. dépense trois fois plus que la compagnie manufacturière américaine moyenne pour la recherche et le développement, et approximativement deux fois plus que les autres firmes du secteur des télécommunications et des composants électroniques. Au cours des années 1960, la Bell a sorti toujours davantage de produits et de services nouveaux au lieu de se cantonner à l'ancien.

En dépit de l'importance que revêt cette orientation, on sait peu de chose sur les coûts cachés de l'innovation au sein de la Bell System. Ils ne pourront être convenablement analysés que lorsque le management aura appréhendé le concept de « taux de novation ».

Le taux de novation traduit la « nouveauté » d'un système donné. C'est le rapport du nouveau à l'ancien. Si, par exemple, une entreprise sort un produit nouveau et neuf anciens, nous dirons que son taux de novation est de 1 à 9. On définira le « nouveau » comme ce qui est introduit sur le marché pendant une période de temps définie — disons cinq ans. Un taux de 1/9 signifiera alors que l'entreprise n'a sorti qu'un seul produit nouveau en cinq ans.

Comme nous le verrons, cette notion ne s'applique pas exclusivement aux produits fabriqués mais aussi à la technologie, à l'outil de travail et même à l'ensemble des procédures et méthodes employées par l'entreprise. Disons, en guise d'illustration, qu'il existe une quantité donnée de procédures à accomplir pour relier un nouvel abonné au réseau téléphonique. Plus le nombre des services annexes proposés par la compagnie augmente, plus augmente la masse des procédures et sous-procédures d'usage parmi lesquelles l'agent commercial doit choisir. Certaines existent depuis des longues années, d'autres sont, au contraire, très récentes. On est donc en droit de parler de taux de novation au niveau des procédures administratives plutôt qu'à celui de la technologie et des produits.

Il y a durant le cycle de vie de toute entreprise des périodes marquées par un niveau d'innovation — les divers taux de novation de la firme — très élevé.

Sous l'ère Vail, par exemple, presque tout ce que la Bell a réalisé le fut pour la première fois. La technologie du téléphone était une nouveauté, les organigrammes des connexions furent inventés à partir du néant, les relations avec les pouvoirs publics étaient à l'état embryonnaire, les modalités d'exploitation de l'entreprise durent être imaginées et élaborées de A à Z. Après les premières décennies, cependant, la part de l'inconnu commença à décliner. On avait désormais des procédés de routine bien établis et les gens de la Bell étaient en mesure de résoudre la plupart des problèmes qui se posaient en appliquant les normes telles qu'elles étaient définies.

Ces dernières années, les taux de novation, chez A.T.T., se sont élevés — et de façon accélérée. A présent, l'entreprise entre dans une phase nouvelle de son existence, phase durant laquelle ces taux de novation continueront non seulement de grandir mais grandiront de plus en plus vite. Cela implique de profonds changements du climat interne pour les décideurs et dans le monde extérieur avec lequel l'entreprise devra bien compter. Cela affectera la place que tient la routine dans l'existence de cette dernière.

LES DEUX VISAGES DE L'INNOVATION

Le fait qu'aujourd'hui la Bell consacre une proportion inhabituellement élevée de crédits au secteur recherche et développement n'est pas simplement l'expression d'une curiosité intellectuelle ou d'on ne sait quelle « pulsion interne » qui la condamne à l'innovation. Cela est rendu nécessaire par d'inexorables raisons économiques qui produisent chacune leur type d'innovation spécifique.

La montée de la déstandardisation que nous avons décrite plus haut oblige la compagnie à se lancer dans ce que l'on pourrait appeler l'*innovation additive.* Pour faire face à la demande d'un marché en cours de fragmentation rapide, il lui faut ajouter à son catalogue des modèles de taille et de présentation variées, et diversifier les services qu'elle propose, ce qui a pour résultat de grossir de manière considérable le répertoire, déjà formidablement épais, de ses procédures d'usage. Dans les deux cas, qu'il s'agisse des produits ou des procédures, il y a escalade. Le nouveau s'ajoute à l'ancien.

Dans le même temps, le rythme forcené de la mutation technologique dans les télécommunications, et dans l'économie en général, a contraint A.T.T. à s'engager aussi, et toujours plus avant, sur la voie de l'*innovation de substitution* — c'est-à-dire la création de produits, de technologies, de processus et de procédures nouveaux destinés à remplacer ou éliminer les anciens.

La convergence de ces deux pressions massives — la différenciation et la mutation technologique — a eu pour effet d'augmenter le taux de novation de la Bell System en un laps de temps relativement court. Le niveau de nouveauté auquel les gens de la Bell, depuis le directoire jusqu'au poseur de lignes et la standardiste, ont à faire face a grimpé vertigineusement.

LES TAUX DE NOVATION DANS LA LIGNE DE PRODUCTION

L'élimination de certains produits et services anciens et l'introduction de milliers de nouveaux ont abouti à ce fait révélateur qu'au milieu des années 60, la Bell tirait 43 p. 100 de son chiffre d'affaires d'articles lancés au cours des cinq années précédentes (contre 20 p. 100 pour l'ensemble de l'industrie américaine). Par ailleurs, d'après les estimations, 65 p. 100 de tous les produits signés Western Electric ont moins de dix ans d'âge. Autrement dit, si l'on retourne la proposition, environ un seul produit Western Electric sur trois est un « vieux de la vieille ». En outre, rares sont parmi ces produits vénérables ceux qui n'ont subi aucune modification en l'espace de dix ans. Bref, il y a très peu de produits stables, définitifs, pouvant servir de « points d'ancrage » à la ligne de production.

Les récentes années ont vu surgir tout l'arsenal des intallations spécialisées depuis Centrex, les liaisons transocéaniques directes, la transmission des données informatiques jusqu'au visophone. L'introduction du Touch-Tone a ouvert à l'usager des « services entièrement nouveaux, dont l'accès aux banques de données et la transmission de données privées », lit-on dans les documents professionnels. A tout cela il convient d'ajouter la carte de télécommunication, les nouveaux systèmes P.B.X., les combinés à clavier incorporés et littéralement des milliers d'autres produits et services moins connus de l'usager moyen.

Cette prolifération, allant de pair avec la relative absence de « produits d'ancrage », complique la prise de décision au sein de la Bell, est génératrice d'anxiété (« dans quelle branche d'activité sommes-nous exactement » ? se demande-t-on), contraint les gens à s'initier continuellement à des procédures inédites, les oblige à dénigrer et abandonner des qualifications professionnelles laborieusement acquises et exige tout à la fois une nouvelle « race » de salariés et un nouveau style d'organisation. Mais avant d'analyser les répercussions de cet état de choses, il importe de voir comment cette injection de novation dans la ligne de production a affecté la technologie.

TAUX DE NOVATION ET TECHNOLOGIE

Pour lancer des produits nouveaux, il faut de nouvelles machines et des méthodes nouvelles pour les fabriquer. En règle générale, si l'on veut élever le taux de novation au niveau de la ligne de production, on doit élever aussi celui de la technologie.

Ce peut paraître un truisme mais cette vérité d'évidence a pour la Bell System des implications qu'elle n'a pas pour la plupart des autres sociétés. Tout d'abord, quand ces dernières sortent un nouveau produit, elles comptent sur leurs fournisseurs pour se charger à leur place d'une grande partie du travail d'innovation technologique. Elles paient plus cher les composants et les éléments d'assemblage qu'elles achètent, certes, mais ce sont les firmes situées en amont qui supportent les frais, tant *sociaux* qu'économiques, de la modernisation technologique. Au contraire, parce que ce travail se fait essentiellement *intra muros,* A.T.T. ne peut pas faire payer à ses fournisseurs l'ardoise de l'innovation technologique. Il lui faut en permanence renouveler ses propres moyens de fabrication. Ainsi, si les produits servant de « points d'ancrage » sont peu nombreux, les technologies de « points d'ancrage » sont encore plus rares, et force est à la Bell d'accroître ses dépenses d'investissements et d'avoir les yeux tournés vers les technologies nouvelles au détriment de celles qui ont depuis longtemps fait leurs preuves.

La décision de lancer un produit inédit sur le marché oblige fréquemment la société à inventer parallèlement les techniques de fabrication et les matériels nécessaires. Citons à ce propos la cellule chargée de l'élaboration de la politique de la télécommunication, la *Task Work on Communication Policy :* « Des produits tels que les circuits intégrés ou les amplificateurs sous-marins ont exigé le développement de dizaines de matériaux nouveaux, un vaste arsenal de techniques de fabrication nouvelles et de moyens de production radicalement différents de ceux du passé. »

La Bell System s'est ainsi vue au cours des dernières années contrainte de mettre au point de nouveaux procédés de formation de métaux hydrostatiques, de *needle bonding,* de coulage du cuivre en continu, de croissance de cristaux à des températures et sous des pressions élevées, de fabriquer le câble Stalpeth et des circuits intégrés à couche fine, d'utiliser le laser pour produire des résistances scellées sous verre — et ce ne sont là que quelques exemples parmi bien d'autres.

Ces processus nouveaux créent ce que la *Task Force* appelle « un changement fondamental dans l'environnement de la fabrication (...) des approches radicalement neuves de l'art de la production ». Ils ne nécessitent pas seulement un environnement physique d'un type nouveau — des lieux de travail aussi aseptiques qu'un bloc chirurgical, par exemple — mais, aussi, un personnel d'un type nouveau, de nouveaux dispositifs de travail, de nouvelles associations de qualifications interdisciplinaires, des rapports interpersonnels nouveaux. Cela rend indispensable une grande capacité d'adaptation de la part de la compagnie comme des gens qu'elle emploie.

En choisissant l'intégration verticale, A.T.T. *a rendu la nouveauté de sa ligne de production directement dépendante de la nouveauté de ses propres moyens de fabrication.* A chaque accroissement du taux de novation de la ligne de production doit plus ou moins correspondre un bond en avant du taux de novation au niveau de la technologie de la production.

La seconde raison de cette étroite concomitance tient à l'existence du maillage. Dans une entreprise classique comme la General Motors, l'introduction d'un nouveau modèle peut exiger une sérieuse refonte du dispositif technologique mais la G.M. n'a généralement pas l'obligation de développer ou de modifier le réseau existant pour que la clientèle puisse utiliser son tout dernier produit. *A.T.T., quant à elle, doit non seulement concevoir et fabriquer le nouveau produit mais, aussi, modifier le réseau afin de le rendre compatible avec celui-ci* — exactement comme si chaque fois qu'elle lançait un nouveau modèle, la G.M. devait asphalter des milliers de kilomètres de routes technologiquement améliorées.

C'est ainsi que nous avons assisté à l'éclosion d'une succession véritablement stupéfiante d'innovations au plan de l'équipement du réseau pour suivre la cadence des innovations au plan de la fabrication et rendre possible l'exploitation des nouveaux produits. En ce qui concerne le transit sur courte distance, on est passé tour à tour en matière d'équipement du N-1 du début des années 50 au ON-1, au ONK, au N-2 et au N-3, aux systèmes digitaux T-1 et T-2. Pour le transit à longue distance, on est parallèlement passé du L-3, puis du L-4 à l'actuel L-5 coaxial. La même inexorable course au progrès est manifeste dans le domaine des transmissions par micro-ondes avec les systèmes T.J., T.L.-1, T.L.-2 et T.M. pour le transit court sans parler des systèmes T.D.-2, T.H., T.D.-3, T.D.-2A, T.D.-2B et T.H.-3 pour le transit long.

Une série d'innovations analogues a simultanément touché les centraux par la mise en service du D.D.D., du CAMA, du LAMA, du ANI et de Centrex, du E.S.S. n° 1-2w, du E.S.S. n° 1-4w, du concentrateur 1A1, de T.S.P., d'une multitude d'équipements P.B.X., du nouveau E.S.S. n° 2 en même temps que de T.S.P.S. et de modifications électroniques variées des interconnexions.

Globalement, A.T.T. a mis en service en l'espace de cinq ans plus de téléphones et de genres d'installations que durant les soixante-cinq premières années de son existence, injectant plus de nouveauté — un taux de novation supérieur — à sa base technologique. A la lumière de tous ces faits, il n'est pas surprenant que les produits nouveaux représentent un pourcentage des ventes plus élevé pour la Western Electric que pour aucun des grands secteurs industriels américains comme le textile ou les transports — à l'unique exception de l'aérospatiale.

En 1980, les dimensions du réseau téléphonique national de la Bell auront quadruplé par rapport à ce qu'elles sont aujourd'hui. Cela veut dire que seulement un mille de câbles sur quatre, un nœud de raccordement sur quatre, un pylône de transmission par ondes ultra-courtes sur quatre aura dix ans ou davantage. Trois composants du réseau national sur quatre auront moins de dix ans et la majorité d'entre eux en auront peut-être moins de cinq. En fait, ce sera un nouveau réseau que gérera A.T.T.

Cependant, les conséquences de cet état de choses iront plus loin qu'on ne le soupçonne à l'heure actuelle. En effet, A.T.T. prend à sa charge des opérations que la plupart des autres compagnies confient à des tiers. Comme nous l'avons fait observer plus haut, le fardeau du taux de novation n'incombe pas à la General Motors mais aux firmes situées en amont, la G.M. ne conçoit, ne construit, n'utilise pas de malaxeurs d'asphalte, de postes de péages ni d'échangeurs autoroutiers de types nouveaux. C'est, en quelque sorte, le contraire qui se passe pour A.T.T.

L'entreprise, en conséquence, *assume la gestion d'un équilibre complexe entre trois taux de novation capitaux : celui de la ligne de production, celui de la technologie et celui du réseau de communications lui-même.*

La recherche d'un équilibre à maintenir entre ces trois éléments nous aide à comprendre pourquoi les investissements d'A.T.T. dans le secteur de la recherche et du développement sont nettement plus importants qu'il n'en va dans les autres industries. Cela explique aussi en partie pourquoi *les coûts sociaux de l'innovation, par opposition à ceux d'ordre purement économique, sont plus élevés pour la Bell System qu'ailleurs.*

LES TAUX DE NOVATION ET LES HOMMES

« Les gens ne sont plus ce qu'ils étaient », me disait un dirigeant d'A.T.T. lors d'une conversation informelle.

Il avait raison.

Bell commence à ressentir les premiers effets de la révolution super-industrialiste : le remodelage des villes en noyaux noirs entourés de couronnes concentriques de banlieues blanches; la désaffection des travailleurs pour les tâches monotones et répétitives; la revendication grandissante de services à caractère social comme les dispensaires ou les crèches; l'incapacité des syndicats à contenir le mécontentement et la tendance au « fractionnisme » de leurs adhérents; l'arrivée d'une nouvelle population de travailleurs : jeunes, Noirs, femmes et gens en colère.

Ce ne sont pas simplement, par conséquent, les produits et les technologies d'A.T.T. qui sont « nouveaux » : son personnel l'est aussi. Nouveau par rapport au système, nouveau au plan relationnel, nouveau au niveau du travail qui lui est demandé.

De même que l'on peut mesurer la longévité d'un produit ou d'une technologie, il est possible d'établir une classification des rapports humains au sein de la Bell System en fonction de leur durée. On constate alors que cette durée est de plus en plus souvent inférieure à cinq ans et qu'elle n'atteint parfois même pas une seule année.

Ainsi, l'augmentation des taux de novation se manifeste-t-elle spectaculairement dans les taux de « séparation » et le temps d'activité de chaque salarié. Au cours des cinq années passées, les premiers ont augmenté de 50 p. 100, l'année 1969 étant celle qui a battu tous les records en ce domaine depuis dix-sept ans. Conséquence majeure de ce taux élevé de séparation : le nombre grandissant du personnel « nouveau » entrant dans le système. En 1969, près d'un employé de la Bell sur cinq avait moins d'un an de maison, soit le double du chiffre de 1962.

D'après le rapport McKinsey sur la Western Electric, le nombre des installateurs ayant moins de deux ans d'expérience, qui était inférieur à 1 p. 100 en 1959, atteignait largement 16 p. 100 à présent. Il y a cinq ans, à New York, le taux de rotation était si faible que la société ne le faisait pas entrer en compte dans ses rapports d'activité annuels. En 1969, il était passé à 50 p. 100 par an.

Même si l'on ne savait rien d'autre d'une entreprise que ces données statistiques, il serait possible de prévoir qu'elle a à faire face à de sérieux problèmes de formation, de structure et de stabilité organisationnelles, de communication entre les personnes et entre les échelons hiérarchiques. Mais notre savoir va plus loin ; non seulement les individus sont nouveaux venus dans le système mais, en outre, ils proviennent de groupes de population qui, jusqu'à une période récente, n'étaient représentés que de façon infime dans le personnel ou bien qui s'étaient radicalement transformés en l'espace de dix ans.

En deux mots, les managers de la Bell ont maintenant affaire à une main-d'œuvre dont les caractéristiques sexuelles, sociales, raciales, éducatives et éthiques leur sont étrangères. Alors que l'ensemble du personnel s'est accru de 37,5 p. 100 depuis 1963, sa fraction de couleur a augmenté, elle, de 265 p. 100. Il y a trente ans, le personnel féminin de la société était essentiellement composé de célibataires. Aujourd'hui, deux employées sur trois sont mariées. Globalement, 43 p. 100 des membres du personnel ont moins de trente ans et près d'un tiers moins de vingt-cinq.

Un cadre supérieur de la Bell définit en ces termes quelques-unes des situations nouvelles impliquant des problèmes personnels, des façons d'être, un vocabulaire et des comportements sans précédents, auxquelles sont confrontés les « vétérans » de la maison : « Les chefs de service apprennent ce qu'il faut faire quand un jeune perd les pédales suite à une overdose. Les chefs d'atelier savent ce qu'il faut entendre quand un garçon dit qu'il a " toujours l'Homme sur le dos ". Et le contremaître (...) apprend à ne pas attendre de circulaire de la direction générale limitant la longueur des cheveux des gens qu'il a sous ses ordres (...). Un mouvement social majeur, dû au fait que les produits des établissements d'enseignement supérieur viennent de plus en plus nombreux grossir nos rangs et ceux d'autres importantes sociétés de services, est en cours. Et cet afflux annonce d'importants changements dans la structure autoritariste des institutions industrielles... » Ce qui est une façon polie d'exprimer l'attitude du « faut pas qu'on vienne me faire chier » qui prend de court et abasourdit le personnel d'encadrement d'un bout à l'autre du système.

Ce nouvel esprit d'indépendance de fractions significatives du personnel est, du point de vue de la compagnie, associé à des obligations pédagogiques de deux types qui lui incombent et qui sont liées l'une et l'autre à la question de la novation.

La première tâche éducative de l'entreprise est de faire accéder des centaines de milliers d'êtres humains à ce qui, pour beaucoup d'entre eux, est une *culture* totalement nouvelle avec ses postulats implicites sur le temps (la ponctualité), le beau, etc. Ils sont enfermés dans une invisible toile d'araignée de règles, de conventions tacites, de valeurs non seulement indécises et difficiles à comprendre mais, en outre, inhabituelles, insolites et apparemment irrationnelles. Les tentatives faites pour former ces gens en leur donnant des cours de perfectionnement de lecture ou de mathématiques ou visant à leur inculquer le code des bonnes manières et les règles de la bienséance en usage dans la compagnie n'ont pas grand succès pour la bonne raison que nous ne connaissons pas grand-chose de l'éducation interculturelle.

Le second problème consiste à former rapidement ces personnes en vue de leur faire accomplir des tâches spécifiques. Cette action pédagogique est beaucoup plus aisée mais elle est, aussi, d'année en année plus onéreuse parce que ces tâches elles-mêmes changent de sorte que l'investissement éducatif n'est rentable que sur une période de plus en plus courte, la longévité de l'emploi à pourvoir étant de plus en plus brève.

Résumons-nous : l'escalade brutale du taux de novation en ce qui concerne le personnel de la Bell System, combinée aux tendances similaires qui se font jour dans les secteurs de la production et de la technologie, constitue pour A.T.T. un environnement interne véritablement « neuf ». Si, par exemple, nous découpons une « tranche de temps » et amalgamons les 136 000 personnes ayant travaillé pour la société pendant un an avec le nombre *x* de produits nouveaux sortis au cours de la même année, les machines, techniques et procédures administratives mises en place au cours des douze derniers mois, il saute aux yeux que *nous avons affaire à une organisation entièrement nouvelle — une entreprise colossale dans l'entreprise, que l'on pourrait dénommer la Bell 71 pour la distinguer de la plus vaste entreprise préexistante.*

Cette « nouvelle » Bell Company a embauché pendant cette seule tranche de douze mois plus de personnel que la totalité du personnel de la Western Electric Co., de Boeing Aircraft, de DuPont, de R.C.A., de Goodyear, de Union Carbide ou de Procter and Gamble qui font toutes parties des vingt-cinq plus grandes sociétés industrielles des Etats-Unis. L'augmentation de l'emploi chez Bell a été égale au *total* de la main-d'œuvre des huit plus importantes sociétés de services des U.S.A.

Cela met spectaculairement en évidence l'œuvre à laquelle Bell s'est attelée. C'est comme si Washington l'avait brutalement mise en demeure de créer en cinquante-deux semaines une filiale entièrement nouvelle employant 136 000 personnes avec son parc de machines flambant neuf, ses propres produits, etc. Il n'y a pas, à ma connaissance, de précédent à l'ampleur de la tâche devant laquelle se trouve placée A.T.T.

Evidemment, si cette « Bell 1971 » était une véritable compagnie ou une véritable filiale, elle aurait dû procéder à une autre répartition des compétences et des ressources dont elle disposait mais sa mise en place en aurait été, en un sens, facilitée. Il est, certes, malaisé de créer du jour au lendemain une société employant 136 000 personnes mais intégrer une « société » de cette taille à une firme qui existe déjà l'est peut-être encore davantage. La nouveauté n'est pas enfermée dans une filiale, une unique entité organisationnelle : elle diffuse dans le système tout entier. Si « Bell 1971 » était une filiale isolée, chacun, ou presque, pourrait, dans la société mère, faire son travail comme il a été habitué à le faire. Mais sa superposition à la Bell System pleine et entière, son intégration à la substance même de cette dernière, aboutissent à ceci que quasiment tous les membres du système subissent les répercussions de cette soudaine intrusion de la novation.

LES TAUX DE NOVATIONS EXTERNES

Même si les dirigeants n'avaient à se préoccuper que de gérer la nouveauté *à l'intérieur* de la Bell System, ce serait déjà une rude tâche qui les attendrait. *Mais la notion de taux d'innovation s'applique aussi aux relations externes de la compagnie.* A.T.T. entretient des rapports avec des milliers de fournisseurs, de concurrents, de fabricants de téléphones indépendants, de firmes clientes dans le monde entier. Si l'on pouvait répertorier systématiquement ces relations entre organisations et calculer leur durée, on aurait la confirmation chiffrée de l'expansion radicale du taux de novation organisationnel. Aujourd'hui, ces relations se développent quantitativement, et la proportion de celles qui sont nouvelles connaît un brutal accroissement, tournent de plus en plus le dos à la routine, et cela dans tous les domaines. Un coup d'œil à l'environnement politique d'A.T.T. illustrera cet état de choses.

LA NOUVELLE POLITIQUE INDUSTRIELLE

A.T.T., comme toutes les grosses sociétés, opère au sein d'un environnement politique et fait partie d'un réseau d'organisations, d'agences et de compagnies politiquement actives. Jusqu'au début des années 60, la Bell était le porte-parole reconnu de l'industrie de la communication. Cela ne voulait pas dire qu'elle gagnait toutes les batailles qu'elle livrait contre la F.C.C. ou le ministère de la Justice, ni que d'autres groupes — les stations de radio, par exemple — n'exerçaient pas, eux aussi, une influence politique considérable. Néanmoins, A.T.T. occupait une position de leader et tout le monde le savait. Grâce à ses bureaux d'études, les Bell Labs, elle avait accès aux technologies d'avant-garde. La Western

Electric donnait le *la* en ce qui concernait les matériels lourds. Court-circuiter le système n'était ni possible ni faisable. Ce système, en outre, bénéficiait durant de longues périodes de la sympathie du public. A.T.T., enfin, avait l'avantage d'être à la pointe de la prévision. En principe, ses responsables avaient vent des innovations bien avant quiconque, y compris les représentants des pouvoirs publics chargés de la réglementation et pouvaient se permettre le luxe de faire traîner les choses en longueur dans leurs négociations avec eux.

Aujourd'hui, la Bell n'est plus ce porte-parole incontesté de la profession. Au plan national, la F.C.C. et l'Office of Telecommunications Policy nouvellement créé à la Maison-Blanche ont pris des initiatives tranchantes dans la définition de l'orientation nationale — initiatives souvent contraires aux intérêts de la Bell System. Ces puissants acteurs occupant la scène politique ont été rejoints par des nouveaux venus issus du secteur non politique, comme la Ford Foundation, la Carnegie Corporation et la Sloan Foundation, ayant pour visées d'influencer, sinon même d'élaborer, la politique d'ensemble de la communication. Plus important encore, d'autres combattants sortant des rangs de l'industrie de la communication elle-même sont entrés en lice. Une nomenclature partielle de ces derniers montre bien la complexité de cette nouvelle jungle politique :

— Les fabricants d'ordinateurs, les agences de location de faisceaux hertziens, les constructeurs de périphériques et autres industriels de l'informatique.

— Les avionneurs comme Hughes et Lockheed capables de construire des satellites.

— Les stations hertziennes de même que les réseaux commerciaux traditionnels.

— Les fabricants de terminaux.

— Les opérateurs de C.A.T.V.

— Les opérateurs de systèmes d'émetteurs à fréquences ultracourtes.

— Les fabricants d'équipements porteurs d'ondes ultra-courtes, etc.

Ce nouveau et dynamique paysage au plan fédéral a sa réplique aux niveaux situés en aval. Les sociétés Bell se heurtent à l'opposition coalisée de forces à présent actives dans les Etats et dans d'innombrables municipalités. A New York, le commissaire à la Consommation nommé par le maire Lindsay, Bess Myerson, et le City's Corporation Counsel ont convaincu la commission des Services publics de l'Etat d'accorder des augmentations de la redevance plus faibles que ne l'avait envisagé New York Tel. Elle a également contraint cette société à suspendre certaines de ses activités jusqu'à ce que soit améliorée la qualité de l'ensemble des services qu'elle propose dans l'agglomération new-yorkaise et est allée jusqu'à ordonner que des rabais soient consentis aux usagers dans les quartiers où ces services laissaient à désirer. De même voit-on naître des associations locales qui se mobilisent pour protester contre l'implantation de nouveaux sites, de bureaux centraux ou de déplacement de sièges.

Fondamentalement, la conjoncture politique a changé de visage. D'une situation de stabilité relative où une poignée d'acteurs de premier plan tenaient des rôles plus ou moins prévisibles, on en est venu à une situation extrêmement fluctuante. Et cette métamorphose a même des incidences sur les conflits. Précédemment, il semblait que ceux-ci ne faisaient que se répéter. Les surprises étaient rares. Les principaux litiges concernaient les augmentations de tarif et les rapports entre Western Electric et A.T.T.

Aujourd'hui, d'autres ont pris leur place sur le devant de la scène : le contrôle des satellites de communications ; la qualité du service ; C.A.T.V. ; la pollution ; la défiguration des paysages ; la discrimination raciale ; la mise à leur disposition réclamée par les utilisateurs de données informatiques de services conformes à leurs besoins ; etc.

Ainsi, qu'il s'agisse des rapports entre la Bell et ses partenaires ou entre elle et les contentieux, nous assistons à une brutale escalade des taux de novation, ce que traduit le nombre des « grandes premières » en matière de coups d'arrêt auxquelles Bell s'est trouvée confrontée au cours des dernières années :

— 1962 — Pour la première fois, le monopole d'une technologie de la communication capitale pour l'industrie du téléphone échappe à A.T.T. : c'est la promulgation de la loi COMSAT.

— 1968 — Première atteinte portée à la politique traditionnelle d'interconnexion : Carterfone.

— 1969 — Première étude effectuée par la F.C.C. sur la qualité du service indépendamment des tarifs pratiqués.

— 1970 — Première initiative présidentielle visant à la création d'un centre d'orientation de la communication : l'Office of Telecommunications Policy.

— 1971 — Premiers pas vers la création au sein de la F.C.C. d'un bureau du contentieux chargé d'assister les associations désireuses d'avoir voix au chapitre en matière de politique de la communication.

— 1971 — Premiers craquements dans la structure tarifaire du « coût moyen ».

— 1971 — Première étude sur grande échelle, réalisée par la F.C.C., d'un réseau concurrentiel entrant en compétition avec la Bell System.

Dans chacun de ces cas (et de dizaines d'autres qui ont eu moins de retentissement), la direction de la Bell s'est trouvée en face d'une situation politique sans précédent. Le changement rapide des sujets de litige et la non moins rapide prolifération des forces antagonistes lui rendent plus difficile de prévoir le comportement des principaux acteurs. Par exemple, les sociétés dépendant de C.A.T.V. font alliance avec les stations de radiodiffusion sur le problème du satellite intérieur tout en s'opposant à celles-ci sur celui de la programmation. Le nombre de points de convergence comme de conflits potentiels augmente de façon cumulative à mesure que celui des parties prenantes s'accroît selon une progression arithmétique, ce qui exige de la part de la Bell une plus grande dépense d'énergie pour maintenir un équilibre instable en sa faveur.

Cette tendance ne fera que s'amplifier dans les années à venir. Au lieu de se régulariser, l'environnement politique deviendra vraisemblablement toujours plus tumultueux et imprévisible. Et le mouvement consumériste jouera un rôle significatif dans cet environnement houleux.

LE NOUVEAU CONSUMÉRISME

De toute part, le mouvement consumériste a été couvert d'éloges par les uns, vilipendé par les autres, mais le monde des affaires en est encore à le méconnaître.

Malgré les apparences, *le « néo-consumérisme » n'est pas la simple réédition du* muckraking[1] *ou du populisme*[2] *qui ont marqué le début du siècle.* Ce n'est pas davantage une résurgence de la ferveur antitrusts du New Deal sous un masque nouveau. Il s'agit d'un phénomène inédit, et toutes les tentatives des grosses sociétés pour le contrer en suivant les chemins battus sont d'avance vouées à l'échec.

Ce nouveau consumérisme se distingue de tous les mouvements apparentés de jadis sous cinq aspects : la nature des problèmes posés, le mode d'organisation, les tactiques employées, la clientèle qu'il touche et le rythme de sa démarche.

Les problèmes. Au Japon, où la révolution super-industrialiste a à peine commencé et où l'on n'en est pas encore arrivé à la phase ultime de l'industrialisation, le mouvement consumériste a son visage classique. Lorsque des ménagères en colère s'en prirent à la Matsushita Electric, c'était parce qu'elles avaient appris que cette société vendait ses téléviseurs plus cher au Japon qu'aux U.S.A. Leur protestation avait un caractère économique.

Au contraire, aux Etats-Unis, si le mouvement a d'indéniables conséquences économiques, son combat est fréquemment un combat aux objectifs qualitatifs plutôt que quantitatifs. Reflet du système de valeurs super-industrialiste en train de naître, il met l'accent sur un bloc d'objectifs étiqueté « qualité de la vie » plus que sur l'objectif unitaire du progrès économique. C'est ainsi que le mouvement consumériste a mis en cause la sécurité de l'automobile, l'efficacité des médicaments hors prescription, les conditions d'existence faites aux malades dans les cliniques privées, la

1. Dénonciation des scandales sociopolitiques par des campagnes de presse à sensation. (*N.d.T.*)
2. Mouvement lancé par le People's Party (1891-1904) regroupant paysans endettés et ouvriers pour combattre le Big Business. (*N.d.T.*)

pollution, la politique de l'embauche, la responsabilité des sociétés industrielles et d'autres questions litigieuses dont la dimension économique est essentiellement subalterne.

En ce qui concerne A.T.T., cela s'est traduit par la revendication d'associations de consommateurs new-yorkaises exigeant que les relèvements de tarifs soient directement liés à l'amélioration des services ; par la distribution d'annuaires périmés aux centres téléphoniques locaux, cheval de bataille des « éco-activistes » ; par des objections d'ordre esthétique au choix des sites d'implantation et à l'architecture des pylônes ; par le recours intenté par une coalition d'associations de consommateurs devant la Cour suprême de Californie, alléguant que la Pacific Tel and Tel, entre autres compagnies, refuse un « service égal aux minorités » ; par l'intérêt nouveau dont la F.C.C. fait preuve pour les litiges portant sur la qualité des services ; etc.

Dans tous ces exemples, l'économique est, certes, présent mais il est éclipsé par d'autres considérations. *Si, demain matin, A.T.T. et toutes les autres grandes corporations diminuaient de moitié leurs tarifs et leurs bénéfices, le mouvement consumériste continuerait de croître et embellir* pour la bonne raison que ses buts et ses racines sont psychologiques, culturelles et, avant tout, politiques. Il est une réaction au malaise créé par le changement, l'expression du sentiment que les systèmes mis en place par les grandes corporations et les pouvoirs publics échappent à leur contrôle ou qu'ils dilapident leur énergie en se fixant des objectifs anachroniques.

La réponse apportée au nouveau consumérisme par les firmes, fondée sur les arguments économiques traditionnels, frappe à côté de la plaque pour l'excellente raison que le mouvement est en quête d'une société plus saine, plus civilisée mais pas nécessairement plus riche.

L'organisation. Le style organisationnel du néo-consumérisme se distingue aussi de ses précédents historiques. Son élan est spontané, ses « coups de cœur » et son action difficilement prévisibles. Ses structures sont fluides et ad-hocratiques, et non pas bureaucratiques et permanentes. Nourri des reportages médiatiques, dynamisé par l'aliénation enfantée par les organisations lourdes, le nouveau consumérisme refuse les structures formelles du Parti démocrate comme du Parti républicain. S'il devait éventuellement créer un nouveau parti, ce qui n'est pas invraisemblable, ce serait un parti d'un type nouveau — éphémère, informel et polycentrique.

Les tactiques. Les mouvements de réforme sociale antérieurs — par exemple, la C.I.O. ou l'Association nationale pour le Progrès des gens de couleur (N.A.A.C.P.) — construisaient des structures disciplinées, centralisées et s'attaquaient de façon plus ou moins rationnelle à des cibles bien déterminées. Le néo-consumérisme n'a pas, quant à lui, de centre où s'élabore la stratégie, ce qui l'empêche donc de concentrer toute son énergie sur un objectif précisément choisi. En revanche, il possède l'énorme avantage d'être omniprésent et de jouer sur l'effet de surprise. Il pratique le harcèlement, une sorte de karaté social, s'évanouissant pour resurgir quelques jours plus tard sur un autre terrain.

Ce n'est pas tout. Alors que les mouvements réformateurs classiques se heurtaient à une presse hostile dans son écrasante majorité, le nouveau consumériste a l'art de fournir matière à de la copie pittoresque et bénéficie d'un large capital de sympathie dans les milieux journalistiques. Ainsi la revue *Esquire* décrit-elle un système permettant d'utiliser gratis les postes de téléphone public à péage. Ne se contentant pas de dénoncer la collusion A.T.T./A.B.M., *Ramparts* invite ses lecteurs à « casser le système ». Dans son nouvel ouvrage, *Steal this Book* (Volez ce livre), Abbie Hoffman déclare : « Aussi longtemps qu'il y aura une compagnie téléphonique (...) personne n'aura besoin de payer une communication (...). Détrousser la compagnie du téléphone est un acte d'amour révolutionnaire. Alors, faites passer la consigne. » Suivent cinq pages expliquant en détail comment s'y prendre. Des associations plus responsables ont publié à l'intention des communautés des manuels indiquant les moyens de combattre la compagnie téléphonique. Des journaux sympathisants disent à leurs lecteurs comment se les procurer.

Le rythme. Contrairement aux mouvements de masse d'autrefois dont la mobilisation nécessitait des plans détaillés préparés de longue main et des dispositifs logistiques extrêmement délicats à mettre en place, le néo-consumérisme a des capacités de mobilisation quasi immédiate grâce à la publicité que lui offrent les médias ; ses chargés de mission peuvent se déplacer rapidement dans tout le pays en utilisant les jets et il lui est loisible de diffuser ses idées par le moyen du téléphone. Les mouvements traditionnels étaient capables de se cristalliser dans l'espace (en choisissant un centre d'action ponctuel) : le néo-consumérisme peut, lui, le faire dans le temps.

On doit pour ces diverses raisons voir en lui quelque chose de radicalement différent de tous ses prédécesseurs. Si ses modalités d'action et ses héros actuels sont sans nul doute destinés à disparaître, ils seront remplacés par des formes d'action nouvelles encore moins imaginables. Et cela voudra dire pour les industriels un environnement politique marqué par une hostilité grandissante, lourd de surprises désagréables et d'embûches.

UNE POLITIQUE DE LA « SURPRISE »

La situation politique d'ensemble des Etats-Unis est en train de passer d'un état de routine à un état de non-routine. Parti de rien, le mouvement consumériste a enregistré au cours de sa brève existence — cinq petites années — de multiples victoires dérangeantes. Tous les hommes politiques de quelque importance lui font les yeux doux — au moins, théoriquement. Le président Nixon crée un secrétariat à la Consommation. Les candidats en rangs serrés attaquent les industries polluantes. Les magazines s'interrogent sur la candidature de Nader à la Maison-Blanche. Avec le développement du militantisme féministe, la percée politique d'une Bess Meyerson n'est pas une hypothèse à rejeter.

Le mouvement consumériste a, pareillement, reçu un appui inattendu des commissions chargées de la réglementation, naguère mal disposées envers les thèses réformatrices. Durant les cinq années écoulées, les commissions des Services publics de trois Etats (New York, Floride et Californie) ont ordonné aux filiales de la Bell de rembourser aux usagers les augmentations de tarifs auxquels ceux-ci avaient été astreints. En outre, comme nous l'avons noté plus haut, non contente de s'inquiéter pour la première fois de son histoire de la qualité du service du téléphone, la commission fédérale des Communications envisage de créer un bureau de consultation qui aiderait les associations de consommateurs à présenter leurs cahiers de doléances à la F.C.C.

Les cas de vandalisme, de sabotage et de plasticage, et c'est encore plus grave, approchent le niveau d'incertitude.

Dans ce climat nouveau, les milieux industriels ne peuvent plus continuer d'appliquer les vieilles règles ni compter sur leurs alliés traditionnels. Nous avons assisté au cours de ces cinq années à une série de volte-face encore plus étonnantes dans le domaine politique au sens strict du terme. Le programme économique de Nixon, imposé littéralement du jour au lendemain, a fait voler en éclats l'opposition du gouvernement américain, vieille de vingt-cinq ans, au blocage des salaires et des prix. Pour certains économistes, A.T.T. sera durement frappée par cette nouvelle orientation parce que, si les salaires et les prix sont appelés à grimper dans d'autres secteurs de l'économie moins aisément contrôlables, la taille et la « visibilité » de l'entreprise la rendent relativement plus facile à surveiller. En conséquence, ils prévoient une période au cours de laquelle les prix et les salaires de la Bell chuteront par rapport à ce qui se passera pour les autres firmes, ce qui aura des effets désastreux sur le moral des travailleurs et sur les bénéfices de la société. En vérité, cependant, personne ne comprend pleinement les répercussions de cette politique nouvelle sur A.T.T. en particulier et sur les corporations en général.

Ainsi, selon Don R. Conlan, chef du service économique de Dean Witter & Co., « en dépit de toute la sophistication de l'économétrie et des modèles, aucun chiffre, aucune personne, aucun modèle ne peut dire à quoi l'on aboutira ». T. D. Gibson, économiste auprès de la Security Pacific National Bank de San Francisco, déplore que les présentes prévisions économiques soient « probablement aussi peu fiables que toutes celles qui ont été faites ces dernières années ».

La nouvelle politique a considérablement aggravé l'incertitude — l'imprévisibilité — du profil de l'économie.

Autre incertitude au plan de la politique : l'abaissement de l'âge de la majorité à dix-huit ans. Sur ce point encore, malgré bien des conjectures complaisantes sur le « conservatisme » de la jeunesse, nul n'est en mesure d'évaluer scientifiquement l'incidence qu'aura ce nouvel électorat sur les entreprises industrielles dans les toutes prochaines années. La poussée du mouvement pour les droits de la femme et, singulièrement, du groupe (*caucus*) politique féminin, constituent encore un élément d'indécision supplémentaire.

On constate partout qu'il est impossible de compter sur l'immuabilité des idées reçues. Exemple : le catholicisme. Il a traditionnellement été un ferment de conservatisme au sein de la politique américaine. Or, aujourd'hui, le libéralisme et le « radicalisme » catholiques, parties prenantes d'une révolution qui touche l'Eglise romaine dans le monde entier, rendent extrêmement difficile toute prédiction politique linéaire. Autre exemple : la montée du séparatisme noir prend à contre-pied soixante-quinze ans d'intégrationnisme des organisations noires, disloque la communauté noire et rend doublement périlleuse toute projection de l'activité politique noire.

Sur la scène internationale, nous sommes témoins d'un éclatement analogue des « vieilles règles ». La politique chinoise de Nixon, elle aussi pratiquement adoptée du jour au lendemain, pulvérise les rapports entre puissances jusque-là prévisibles, et augmente le taux de novation dans l'espace politique. Les crises monétaires et les dévaluations en chaîne déstabilisent le système financier. L'émergence de ce concurrent géant qu'est le Japon, le danger d'une renaissance du militarisme nippon, obligent brutalement les Etats-Unis à procéder à une révision radicale de toute la politique asiatique instaurée après la guerre. L'entrée de la Grande-Bretagne dans le Marché commun entraîne un nouveau réalignement politique en Europe. Le rapprochement entre l'Allemagne fédérale et l'Europe de l'Est désintègre les prévisibles coalitions de guerre froide, introduisant un facteur de précarité supplémentaire dans le rapport des forces.

En conclusion, la Bell, sa direction et son personnel, sont confrontés à une mutation fondamentale de caractère planétaire. Intérieurement, en ce qui concerne la production de la firme, ses méthodes et même les hommes et infrastructures organisationnelles, les mesures dictées par la routine sont de moins en moins appropriés. Extérieurement, dans l'étroit secteur de la politique de l'industrie de la communication, dans le domaine plus large de la politique du couple producteur/consommateur et dans le cadre, plus large encore, de la politique intérieure et internationale, nous voyons se désagréger les vieilles structures sclérosées et se créer un environnement tout neuf avec lequel nous ne sommes pas encore familiarisés.

LA NATURE DE LA NOVATION

Novation est synonyme de surprise, d'imprévisibilité, et ce glissement vers des taux de novation plus élevés — notamment sur le plan de la société — aide à nous faire comprendre pourquoi les dirigeants d'entreprises sont si souvent pris de court par l'événement. En privé, les responsables de la Bell se lamentent fréquemment sur la difficulté qu'ils ont à faire les prévisions nécessaires. Ce fut, par exemple, le thème dominant d'un colloque portant sur les problèmes de l'heure qui eut lieu à New York.

« La courbe a fait un bond brutal qui semblait être une aberration temporaire, dit un planificateur de la Bell. Mais elle n'est pas redescendue. » Un membre de l'état-major new-yorkais de la société déclare : « Le bon sens n'aurait jamais pu nous amener à prévoir un pareil bond. » Parlant du secteur de Wall Street, un responsable d'A.T.T. tient ces propos : « Nous aurions dû être assez malins pour le voir — bien que personne d'autre ne l'ait vu (...). Les bureaux de Wall Street ont accusé une croissance zéro pendant cinq années consécutives. L'année dernière, leur croissance a été de 40 p. 100 au cours de l'exercice. Nous n'avons pas été les seuls à nous faire piéger. Cela a été la même chose pour le marché lui-même. » Parlant des prévisions de construction globales, l'un des planificateurs d'A.T.T. n'y va pas par quatre chemins : « Si vous m'aviez dit il y a un an que nous aurions ce problème, je vous aurais répondu que ça ne tournait pas rond dans votre tête. »

Ces manifestations de désarroi dont certaines formulées textuellement au cours d'entretiens privés, ne sont pas l'indice d'un manque d'intelligence de la part de nos interlocuteurs mais bien le signe d'un changement significatif du niveau d'incertitude touchant l'environnement, qui va de pair avec l'accroissement des taux de novation.

Les planificateurs et les dirigeants ne sont d'ailleurs pas les seuls à se heurter à ce nouveau facteur. La surveillante connaît moins bien ses opératrices et ne peut donc deviner aussi sûrement qu'auparavant comment elles exécuteront leur travail. Un ingénieur se retrouve avec une nouvelle équipe et il ne peut être certain de la compétence de tous ses collègues puisque ceux-ci sont pour lui des quantités inconnues. *L'imprévisibilité* commence à envahir l'édifice tout entier. Elle aggrave le stress au sein de l'entreprise, provoque des réactions désordonnées, par à-coups, et aboutit, dans l'ensemble, à des décisions moins adéquates. Cet éclatement des anciennes règles de base (c'est-à-dire des relations plus ou moins durables entre les éléments constitutifs du système, la société ou la firme) a pour résultat que *les responsables de la Bell et, par extension, les simples exécutants, ne peuvent plus compter aussi aveuglément que par le passé sur des routines préexistantes.*

Une part plus importante des décisions prises par ses cadres aussi bien que par ses opératrices, ses poseurs de lignes, ses installateurs, ses agents commerciaux et autres exige maintenant une réflexion, une évaluation et un apprentissage « non programmés ». Avant que les décisions puissent être arrêtées, il est impératif de collecter, rapprocher, analyser et peser davantage d'informations sur l'environnement tant interne qu'externe. L'individu est de plus en plus confronté à des situations telles que l'application de la politique ou des procédures existantes pourrait mener au désastre. Autrement dit, des situations qui l'obligent à *inventer* des solutions[1].

La plupart des personnes au service de la Bell ont, cependant, été incitées à se tourner vers des procédures standardisées, des méthodes officiellement approuvées pour traiter les problèmes qui se posaient. *Durant l'ère industrielle, l'entreprise qui prescrivait des règles de conduite avec le maximum d'efficacité, qui élaborait son « bréviaire » avec le plus de minutie, était fréquemment, aussi, celle dont l'organisation avait le plus d'efficacité.* Des manuels intelligents codifient les « réponses les plus efficaces » et épargnent aux gens l'obligation de réinventer les procédures chaque fois qu'ils ont affaire à un client, à un fournisseur et, pourquoi pas? à un agent de contrôle. *Néanmoins, à mesure que le taux de novation grandit, l'utilité du « bréviaire » décline et les entreprises qui ont consacré la plus grande somme d'énergie et d'habileté à l'élaborer sont précisément celles qui se révèlent les moins aptes à affronter la réalité nouvelle, qui est, par essence, rupture des règles anciennes.*

L'aspect positif de la novation est qu'elle peut fouetter les capacités de créativité et d'imagination, tant au niveau des dirigeants qu'à celui des exécutants, à condition que la structure de l'entreprise encourage ces qualités au lieu de les étouffer. Ainsi, la montée du taux de novation exige-t-elle, et un nouveau type de direction, et un nouveau type de structuration.

Comme nous l'avons vu, la tendance à la déstandardisation augmente la complexité organisationnelle et multiplie les problèmes posés par la prise de décision. L'escalade vertigineuse concomitante du taux de novation se solde par un accroissement

1. Exemple : face au blocage des salaires et des prix, les dirigeants et les négociateurs de la Bell étaient dans l'incapacité de retomber dans les bien commodes ornières éprouvées. Il leur a fallu, dans cette situation nouvelle, *inventer* leur réponse. (*N.d.A.*)

des difficultés en proportion géométrique. La tâche qui incombe aux dirigeants de la Bell à l'heure où la firme entre dans l'âge du super-industrialisme est de parvenir d'une manière ou d'une autre à gérer cette prolifération de la complexité.

QUATRIÈME PARTIE

Les postulats de demain

Chapitre 6

Un modèle de super-industrialisme

LE COMMENTAIRE

Dans une période marquée par un changement intense et accéléré, tout responsable de la gestion d'une entreprise se voit contraint de vérifier chaque matin l'exactitude de ses postulats relatifs à l'environnement mondial en écoutant les informations du jour. Mais les nouvelles que répandent la télévision et la presse écrite donnent une impression de désordre chaotique. Je me suis attaché dans ce chapitre à mettre en lumière un certain nombre de transformations de cet environnement en essayant de les situer dans un cadre cohérent.

Rétrospectivement, l'image que je donnais ainsi de la nouvelle société en gestation me paraît maintenant inadéquate, non qu'elle soit forcément erronée, mais parce qu'elle omet trop d'éléments et n'établit pas correctement la liaison entre les différents facteurs qu'elle met en évidence. En 1980, quand sortit *La Troisième Vague,* j'avais élargi et affiné mon modèle de la nouvelle société. Je traite dans cet ouvrage des actuelles transformations affectant la personnalité et les communautés, par exemple, aussi bien que la structure des élites et la « sphère du pouvoir » qui, toutes, ont d'importantes implications sur les communications, les rapports humains au sein de la firme et, plus généralement, sur l'organisation de l'entreprise. Au modèle présenté dans les pages qui suivent s'en est donc substitué un autre, plus complexe et plus riche.

Néanmoins, j'avais prévu sans me tromper en rédigeant le présent rapport l'émergence de nombre de forces et de courants.

Ainsi, par exemple, mes prédictions à propos de la dispersion de la production et des modifications de la structure familiale se sont réalisées. La télévision par câble, alors encore au stade embryonnaire, a connu une considérable expansion. Le Japon est devenu l'un des grands concurrents des Etats-Unis. Et si certaines tendances au séparatisme se sont atténuées — comme ce fut le cas au Canada —, si la ville de New York n'a pas revendiqué l'indépendance, ce serait, à mon sens, une erreur, que de croire que les pressions souterraines visant à l'accession à la décentralisation politique et à l'autonomie régionale aient perdu de leur dynamique.

La démassification persistante de la production, de la consommation, de la communication, de la vie familiale, sans compter d'autres aspects de la réalité américaine, conduit à penser que, loin de s'uniformiser, les régions iront dans les années à venir vers une disparité de plus en plus accusée. D'ailleurs, l'émiettement même de la Bell System en sept grandes compagnies opérationnelles régionales traduit (et impulse) l'importance grandissante des entités régionales.

De nombreuses formes de production pour lesquelles un marché national était autrefois nécessaire peuvent maintenant, grâce aux progrès technologiques, à l'enrichissement et à la croissance démographique, se satisfaire de marchés infranationaux.

De même, alors que les récentes tensions économiques ont mis en sourdine l'antimatérialisme affiché de la jeunesse, partir du principe que les valeurs de demain ressembleront fatalement à celles du passé serait commettre une lourde erreur. La société de masse qui enfanta la Bell System était caractérisée par un consensus relativement large — l'attachement aux mêmes valeurs. L'Amérique qui s'est constituée depuis que ce rapport a été rédigé s'est tournée, exactement comme ledit rapport le prévoyait, vers le « dissensus » et la diversité des valeurs.

De plus, les progrès de la technologie permettent à présent à chaque groupuscule d'avoir ses propres filières de communication, tant électroniques que par l'imprimé. Cet état de fait encourage la diversification sociale et promeut l'individualité, d'où une demande accrue de moyens de communication encore plus variés.

Face à des mutations aussi fondamentales, les dirigeants d'A.T.T. — et beaucoup de leurs homologues — doivent impérativement repenser leurs hypothèses de travail.

LE RAPPORT

Ce glissement de la Bell System vers la déstandardisation et des taux de novation plus élevés est un des aspects de la transformation interne d'une entreprise caractéristique de l'ère industrielle en une entreprise mieux adaptée à l'environnement super-industrialiste en train de naître. Avant de déterminer une orientation efficace à long terme pour la firme, il est nécessaire de commencer par définir un modèle de super-industrialisme. Si l'Amérique est en train, comme je le crois, de subir une mutation, à quoi ressemblera le nouvel édifice social qui en résultera ?

Nul ne peut, certes, répondre, détails à l'appui, à une aussi vaste question. Mais peut-être serait-il utile d'examiner un modèle hypothétique de cette société en gestation en nous attachant à cinq tendances à longue échéance qui se manifestent déjà dans la Bell System et sont susceptibles d'avoir leur impact maximal dans les années à venir.

LA PRODUCTION

Dans la société industrielle, l'usine était l'élément dominant. Elle était le lieu rassemblant les matières premières, la main-d'œuvre et l'art de l'organisation. Les villes devinrent des « super-usines » où de nombreuses usines étaient concentrées. Mais l'usine était plus qu'un instrument de production. Elle sécrétait le mode de vie des hommes, fixait les heures auxquelles ils se levaient et dormaient, exigeait d'eux un savoir élémentaire (lire et écrire) et leur imposait la ponctualité. Et, surtout, elle servait de modèle à d'autres institutions, tant et si bien que les bureaux, les services administratifs, les hôpitaux et, tout particulièrement, les écoles en arrivèrent à ressembler à des usines par leur infrastructure matérielle ou organisationnelle, ou les deux.

Aujourd'hui, deux choses sont en train de modifier cette image. Nous voyons la production se disperser, émigrer toujours davantage du cœur des centres urbains et nous assistons au déclin de l'usine elle-même en tant qu'outil de production privilégié.

A mesure qu'à une économie gouvernée par la machine se substitue une économie ayant l'information pour moteur, les progrès du secteur des télécommunications rendront possible à l'homme de participer depuis des lieux hors ville, éloignés et décentralisés, à de nombreux processus de la production.

Comme le montre déjà le développement des services assurant les communications privées, la diminution des coûts de transmission permettra de ne plus avoir à concentrer la main-d'œuvre dans un petit nombre de lieux et promouvra la distribution du travail dans les foyers, les bureaux, les salles de conférences et de communication spécialisées servant de lieux de rencontres ponctuelles à des groupes interactifs et temporaires réunis pour des tâches précises. Le travail important s'articulant de plus en plus sur les services et la manipulation de symboles, la tendance ira vraisemblablement vers l'éclatement des vastes concentrations de type industrialiste. Il se pourrait bien que nous allions vers une nouvelle forme d' « industrie à domicile » ayant pour fondement une technologie extrêmement avancée.

Cela ne veut évidemment pas dire que les usines disparaîtront ou que ce sera la fin de la production de masse. Mais peut-être l'usine cessera-t-elle d'être le pôle de notre mode de vie, à la fois en tant qu'instrument de production et que modèle pour d'autres types d'institutions.

En ce qui concerne A.T.T., cela implique que, en dépit d'efforts de planification élaborés, la Bell aura besoin de quantité de réseaux là où ils n'existent pas encore — et qu'elle aura une « surcapacité » là où son réseau est concentré.

L'ORGANISATION

La forme d'organisation dominante de l'industrialisme était la bureaucratie. L'usine était destinée à produire des biens standardisés, la bureaucratie à produire des décisions standardisées. Cette dernière a pour assises une répartition des fonctions calquée sur le machinisme, une démarche routinière, la permanence et une hiérarchie verticale très longue. Les décisions sont prises au sommet, des instructions sont données et l'action part de la base. Ce système bureaucratique a pour objet l'accomplissement d'un nombre limité d'activités répétitives dans un environnement relativement prévisible. C'est la raison pour laquelle il est devenu le modèle d'organisation humaine clé de l'âge industriel.

Or, dans la société super-industrialiste, à la bureaucratie se substituera toujours plus largement une *ad-hocratie,* sorte de compagnie de holding cadre coordonnant le travail d'une nébuleuse d'unités éphémères se constituant et s'évanouissant en harmonie avec la cadence du changement de l'environnement où baigne l'organisation.

Cette évolution s'annonce déjà dans beaucoup de branches où l'on voit rapidement proliférer des structures d'organisation provisoires — équipes à mission ponctuelle, cellules de réflexion, groupes de programmation, etc.

Il faudra aux ad-hocraties de demain des hommes et des femmes possédant des qualités différant totalement de celles que l'on exige aujourd'hui d'eux, des hommes et des femmes capables d'apprendre vite (pour appréhender les situations et les problèmes nouveaux) et doués d'imagination (pour inventer des solutions neuves). Bref, pour surmonter des obstacles encore inédits ou inattendus, le personnel de l'entreprise de l'avenir n'aura pas à sa disposition un « codex » tout prêt auquel se référer : il devra être en mesure de porter des jugements et de prendre des décisions de valeur complexes au lieu d'appliquer mécaniquement des consignes tombées d'en haut.

Ces hommes et ces femmes devront accepter de bon gré de naviguer au milieu d'une palette diverse de tâches et de structures organisationnelles, et d'apprendre à travailler en équipe avec des collègues qui permuteront incessamment.

LA STRUCTURE FAMILIALE

Les sociétés industrielles possèdent un modèle familial standard — la famille dite « nucléaire » — dans le cadre de laquelle parents et enfants vivent ensemble sans supporter la charge des grands-parents, oncles, tantes et autres. Ce type de famille est loin d'être le seul à exister dans les sociétés industrielles mais c'est le modèle « idéal », et c'est lui qui prévaut.

Or, diverses forces qui se combinent pour détrôner l'omnipotente famille nucléaire et la remplacer par un système familial multiforme sont d'ores et déjà à l'œuvre. Les plus actives de ces forces ont leur source dans les progrès accomplis par la technologie de la reproduction. L'incidence sociale de « la pilule » sera faible comparée à l'impact des avancées scientifiques permettant l'implantation d'ovules fertilisés dans l'utérus de mères porteuses, le développement d'embryon *in vitro,* la préprogrammation de telles ou telles caractéristiques génétiques, la prédétermination du sexe du bébé à naître, le clonage humain, etc. Génétique et néonologie sont les deux secteurs de la recherche qui connaîtront vraisemblablement les percées les plus explosives dans les vingt années à venir.

De tels progrès ne peuvent que précipiter la désagrégation des structures familiales traditionnelles et l'émergence d'un ordre social fondé sur l'acceptation par la société d'une pluralité de formules : depuis la famille nucléaire, jusqu'à la famille élargie, la famille communautaire, la famille agrégative, le foyer homosexuel élevant des enfants, le modèle du kibboutz et, peut-être aussi, les « parents professionnels ». Tout cela laisse présager non seulement des transformations économiques au niveau de la consommation et de la distribution mais, aussi, de profonds changements au plan de la communication et des formes d'organisation de la société. Et cela annonce aussi d'importantes modifications des besoins comme des aspirations du personnel féminin de la Bell, déjà manifestes dans ses revendications en ce qui concerne la multiplication des crèches ou les possibilités de promotion.

LES ÉTATS-NATIONS

Deux courants convergents tendent également à transformer la distribution du pouvoir politique dans les nations à haute technologie et dans le monde. Sous l'industrialisme, le pouvoir est concentré dans les nations et, plus précisément, dans leur capitale. Les centres de pouvoir mondiaux sont aujourd'hui Washington, Tokyo, Londres, Paris et Moscou.

Les puissantes pressions déstandardisatrices qui travaillent les pays riches requièrent une redistribution fondamentale, davantage de pouvoir devant être rétrocédé aux sous-unités nationales. Ces pressions revêtent leur forme la plus extrême dans la revendication de la sécession pure et simple. Au Canada, par exemple, existe, au moins, la possibilité que le Québec soit opte pour la partition, soit contraigne le bloc fédéral à changer profondément de nature. Des pressions analogues sont prévisibles aux Etats-Unis mêmes. On ne saurait exclure l'hypothèse que la ville de New York demande à faire sécession non seulement d'avec l'Etat de New York mais d'avec les U.S.A. eux-mêmes. L'autogestion réclamée par les quartiers noirs, les tentatives de décentralisation urbaine, les propositions de partage des revenus formulées par l'administration Nixon, l'arrêt de la Cour suprême reconnaissant aux membres de la secte des Amish[1] le droit de ne pas envoyer leurs enfants à l'école publique sont autant d'indices de la bascule du centre du pouvoir. La société tend à la dissémination de celui-ci et non à son unification, à sa dévolution et non à un renforcement de sa concentration.

Une série d'autres pressions non moins puissantes s'exercent simultanément dans la direction opposée. Si le pouvoir commence à descendre de la nation aux entités infranationales, il commence aussi, dans le même temps, à remonter de la nation à des entités supranationales. La surrection de problèmes écologiques internationaux — le fait, par exemple, que les déchets déversés par la Suisse dans le Rhin polluent l'Allemagne et que ceux déversés dans le même fleuve par les Allemands polluent les Pays-Bas — rend nécessaire la mise en place d'un organisme de réglementation de nature supranationale. Le progrès de l'européanisation illustre ce courant, tout comme les multiples accords internationaux peu ou

1. Branche intégriste de l'Eglise évangéliste mennonite fondée au XVIIe siècle par Jacob Amen. (*N.d.T.*)

mal connus visant à imposer des normes à diverses industries (comme les transports aériens), à la prévision météorologique et aux tentatives de modification des climats, au contrôle des fonds sous-marins, etc. Le développement des multinationales dont l'influence ignore les frontières ne fera qu'accélérer cette montée supranationale de l'autorité politique.

Toutes ces pressions, à première vue paradoxales, auront pour conséquence d'amputer considérablement le pouvoir de la nation et des capitales nationales au cours des vingt prochaines années.

LES VALEURS

Le super-industrialisme, et ce n'est pas le moins important, apportera dans sa corbeille de mariage son propre système de valeurs qui supplantera celui, traditionnel, de la société industrielle.

L'imminent effondrement des structures morales fondées sur des objectifs matérialistes revêt une importance capitale pour le monde des affaires. La révolte de la jeunesse, le phénomène hippie, l'écologie militante, l'intérêt grandissant du public pour ce qui relève de l'occultisme, la désaffection de beaucoup de jeunes issus de la moyenne bourgeoisie à l'égard d'emplois qui n'apportent que des satisfactions d'ordre pécuniaire et leur désir d'exercer, au contraire, un travail « gratifiant », « moralement enrichissant » ou « socialement utile » sont autant d'indicateurs de ce mascaret qui nous éloigne du système de valeurs industrialistes et nous entraîne vers ce que l'on pourrait appeler des systèmes de valeurs « post-économiques ».

Caractéristiques de la société super-industrialiste, ceux-ci exigeront de nouvelles normes opérationnelles de la part des corporations et de leur personnel. Aussi longtemps que prévaudront les conditions de l'abondance, l'individu et la société se détourneront des buts économiques au profit d'autres objectifs — psychologiques, moraux, sociaux et esthétiques.

La récession provoque un retour partiel à des valeurs plus matérialistes mais, sauf dépression économique totale, il est peu vraisemblable qu'on en revienne à l'acceptation aveugle des valeurs économiques classiques.

La question de la croissance de l'économie et de l'entreprise est intimement liée à ce déclin de la réussite économique comme moteur premier de la valeur de l'homme. La discussion publique du rapport du club de Rome, *Les Limites de la croissance,* qui met l'accent sur la limitation des ressources disponibles, les contraintes écologiques et la démographie galopante, reflète cette perte de confiance en la croissance qui se manifeste dans l'opinion. On peut reprocher au modèle du club de Rome son caractère rudimentaire mais ce serait folie pour les dirigeants d'entreprise que de sous-estimer son impact. En France, au Japon, en Allemagne, en Hollande et dans d'autres pays encore, l'alternative « croissance ou non-croissance » a pris une dimension politique de premier plan et l'on a vu des ministres et des leaders de partis entrer dans le débat. Si le rapport du club de Rome n'a pas soulevé d'aussi retentissants échos aux Etats-Unis, il ne faudrait pas en conclure que les problèmes qu'il pose puissent être traités par le mépris.

Ce nouveau système de valeurs que l'on voit émerger et qui met implicitement en cause la notion de croissance économique pointe l'oreille dans des déclarations officielles comme celle du président Nixon disant, à propos des U.S.A., que « jamais une nation n'a semblé avoir plus et en jouir moins ». C'est là une question qui deviendra de plus en plus brûlante.

Les nouvelles valeurs post-économiques sont également mises en évidence par le souhait du public, exprimé avec toujours davantage de véhémence, que les entreprises se préoccupent du social au même titre que de l'économique et par les tentatives encore embryonnaires visant à élaborer des critères quantitatifs permettant de mesurer leur activité en ce domaine. Le mouvement de défense des consommateurs et les exigences qui se font jour pour que les minorités ethniques et culturelles soient représentées dans les conseils d'administration sont, eux aussi, indissociablement liés à cette idée que les entreprises ne doivent plus simplement se fixer un objectif unique (économique) mais devenir des organisations multidimensionnelles intégrées à un environnement écologique, social et physique.

La différence majeure qui distingue les valeurs industrialistes des valeurs super-industrialistes ne réside pas, cependant, dans le passage du matérialisme au post-économique mais dans le délitement des valeurs inséparable de la déstandardisation sociale. L'industrie ne pourra tenir l'approbation du public comme automatiquement acquise : elle devra, par la force des choses, opérer dans un milieu caractérisé par des conflits de valeurs toujours plus accusés propres aux infraclientèles auxquelles elle aura affaire.

Bref, la technologie nouvelle ne débouchera pas sur un univers à la Orwell composé de sociétés robotisées, standardisées, uniformisées mais, tout au contraire, sur une différenciation des structures sociales encore jamais atteinte dans l'histoire, chacune engendrant ses sous-systèmes de valeurs transitoires dans le cadre général de la société. Les entreprises se verront contraintes de satisfaire de petits regroupements subculturels à l'existence éphémère s'efforçant tous activement d'exprimer, de diffuser et de tenter d'instaurer des ensembles de valeurs exclusifs. Ces derniers, se chevauchant, s'opposant entre eux ou se renforçant anarchiquement les uns les autres, poseront aux entreprises d'énormes difficultés quant aux choix à faire et exerceront une pression considérable sur l'intégration de l'identité et des rôles, tant au plan du personnel qu'à celui de l'entité qu'est la firme.

Chapitre 7

Ce que Theodore Vail ne savait pas

LE COMMENTAIRE

Les changements qui nous affectent aujourd'hui paraissent si chaotiques que l'on perd souvent de vue leur importance. Il est difficile de les évaluer sans un étalon de référence.

Prenons, par exemple, la question de la taille. Les organisateurs perspicaces ont toujours su que faire trop grand est aussi néfaste que faire trop petit. Mais la plupart des chefs d'entreprise partaient du principe général que les « économies d'échelle » suivaient la courbe ascendante de la croissance.

Cet axiome de base est-il toujours en vigueur ?

J'ai tout lieu de penser que, depuis les années 1970, les managers ont été de plus en plus nombreux à prendre conscience de l'impact des « déséconomies » d'échelle — les blocages de la communication, les pesanteurs faisant obstacle à la souplesse opérationnelle, l'asphyxie de l'innovation, la dépersonnalisation, l'enlisement de la motivation qui, au-delà d'une certaine taille, accompagnent si souvent l'expansion.

Ce n'est là que l'un des revirements conceptuels d'une égale ampleur qui marquent la phase de l'histoire du management que nous sommes en train de vivre.

J'ai essayé, dans les quelques pages qui suivent, de déterminer les hypothèses de travail d'une nouvelle génération de managers formés dans une époque placée sous le signe de l'accélération du changement, du paysage d'une société de masse productrice de biens de consommation à une société reposant sur une technologie de pointe et une irrigation de l'information d'une complexité et d'une densité extrêmes. Et, pour les situer dans leur juste perspective, j'ai opposé ces conceptions neuves aux axiomes de Theodore Vail — à « ce que savait Theodore Vail ».

Certaines de ces notions nouvelles ont sûrement dû sonner d'étrange façon aux oreilles des responsables de la Bell à la mentalité traditionaliste. Pourtant, aujourd'hui, alors que plus de dix ans ont passé, la plupart de ces idées novatrices sont devenues partie intégrante de la culture implicite du management.

LE RAPPORT

Nul ne peut dire avec précision ce que sera le visage de la société super-industrialiste en gestation. Mais si l'on juxtapose ces cinq éléments de notre modèle, ils forment un ensemble logiquement articulé. Et si l'on prend en compte ce que nous savons de l'accélération du rythme de l'activité, de la rupture de l'ordre social sur lequel reposent nos systèmes juridiques, de l'atomisation de la religion et de la recherche de l'innovation technologique, une image cohérente encore plus marquée pouvant servir d'assise à certains préceptes d'action se fait alors jour.

Dans la première partie, j'ai indiqué que les managers travaillent à partir d'un faisceau de postulats (généralement implicites) concernant la direction du changement au sein de la société qui est la leur et j'ai énuméré les axiomes de base sur lesquels les entrepreneurs de la génération de Vail fondaient leurs plans et leurs stratégies.

Toutefois, quand ces préceptes cessent de correspondre à la réalité sociale, il n'est plus possible de définir des objectifs réalisables clairement tracés, ni de les remplir efficacement. Parce que l'ordre industrialiste agonise, les managers d'aujourd'hui ne peuvent plus réussir en tenant pour intangibles les dogmes de l'ère Vail — qui semblent encore être comme une seconde nature pour la plupart de nos contemporains. Plus la révolution super-industrialiste ira de l'avant, plus deviendront nécessaires de nouveaux postulats, et ceux-ci éclateront peut-être à la figure de ce qui était la sagesse d'hier.

Vail ne pouvait, bien entendu, prévoir ce que serait l'Amérique du dernier tiers de ce siècle. Aussi lui était-il impossible de savoir de quelle manière se gère l'entreprise d'aujourd'hui. A partir du modèle hypothétique du super-industrialisme, il est possible d'établir par déduction une série de prémisses à l'usage des managers d'à présent.

Aussi dresserai-je ci-dessous la liste de *quelques-unes des choses que Vail ne savait pas.* Si mon modèle du super-industrialisme est, ne serait-ce que partiellement juste, ce seront là quelques-unes des choses que les managers de la Bell System de demain *sauront* ou tiendront pour vérités d'évidence :

Ils sauront qu'une fois assurés les besoins de subsistance de base, la plupart des hommes cherchent autre chose dans la vie, que les stimulants économiques ne suffisent pas à eux seuls à les motiver.

Qu'il existe des limites aux économies d'échelle, aussi bien au niveau de l'entreprise qu'à celui de l'organisation gouvernementale.

Que l'information est aussi importante, peut-être même plus, que la terre, la main-d'œuvre, le capital et les matières premières.

Que nous tournons le dos à la production de masse en série du passé et allons vers un nouveau mode de production « artisanale » ou « intellectuelle » fondé sur l'information et une super-technologie, et que les fins de ce système ne sont pas de fabriquer des millions d'articles identiques et standardisés mais des biens et des services « à la carte ».

Que la meilleure forme d'organisation n'est pas une bureaucratie mais une ad-hocratie dont chaque composante est modulaire et polyvalente, dont les éléments constitutifs réagissent les uns sur les autres latéralement et pas seulement de manière hiérarchique ; et que, à l'instar des biens et des services, les décisions sont prises « à la demande » au lieu d'être standardisées.

Que les avancées technologiques n'engendrent pas obligatoirement le « progrès » et peuvent même, en fait, à moins d'être soigneusement contrôlées, détruire les progrès déjà réalisés.

Que, pour la plupart des hommes, le travail doit être varié, non répétitif et faire appel au sens de la responsabilité, qu'il doit mettre à contribution les capacités de discernement, d'appréciation et de jugement de l'individu.

(voir tableau récapitulatif ci-dessous)

COMPARAISON ENTRE LES PRÉCEPTES DE GESTION INDUSTRIALISTES ET LES PRÉCEPTES DE GESTION SUPER-INDUSTRIALISTES

Ce que savait Vail	*Ce que ne savait pas Vail*
a. Que la plupart des hommes veulent les mêmes choses dans la vie et que leur but ultime est la réussite économique, de sorte que le stimulant économique est le moyen de les motiver.	a. Qu'une fois assurés les besoins de subsistance de base, la plupart des hommes ne cherchent pas la même chose dans la vie, que les stimulants économiques ne suffisent pas, à eux seuls, à les motiver.
b. Que plus la taille d'une entreprise est importante, plus cette entreprise sera forte et plus elle sera rentable.	b. Qu'il existe des limites aux économies d'échelle, aussi bien au niveau de l'entreprise que de l'organisation gouvernementale.
c. Que la main-d'œuvre, les matières premières et le capital, et non pas la terre, sont les facteurs clés de la production.	c. Que l'information est aussi importante, peut-être même plus, que la terre, la main-d'œuvre, le capital et les matières premières.

Suite du tableau page suivante

Ce que savait Vail	*Ce que ne savait pas Vail*
d. Que la production de biens et de services standardisés est plus efficace que la production artisanale à l'unité où chaque article est différent de l'autre.	d. Que nous tournons le dos à la production de masse en série et allons vers un nouveau mode de production « artisanale » ou « intellectuelle » fondé sur l'information et une super-technologie, et que les fins de ce système ne sont pas de fabriquer des millions d'articles identiques et standardisés mais des biens et des services « à la carte ».
e. Que l'organisation ayant l'efficacité maximale est une bureaucratie dont chaque sous-section a dans la hiérarchie une fonction permanente et clairement définie — une machine organisationnelle ayant pour but la production de décisions standardisées.	e. Que la meilleure forme d'organisation n'est pas une bureaucratie mais une ad-hocratie dont chaque composante est modulaire et polyvalente, dont les éléments constitutifs réagissent les uns sur les autres latéralement et pas seulement de façon hiérarchique ; et que, à l'instar des biens et des services, les décisions sont prises « à la carte » au lieu d'être standardisées.
f. Que les avancées technologiques aident à standardiser la production et sont porteuses de « progrès ».	f. Que les avancées technologiques n'engendrent pas obligatoirement le « progrès » et peuvent même, en fait, à moins d'être soigneusement contrôlées, détruire les progrès déjà réalisés.
g. Que, pour la plupart des gens, le travail doit être routinier, répétitif et standardisé.	g. Que, pour la plupart des hommes, le travail doit être varié, non répétitif, et faire appel au sens de la responsabilité, qu'il doit mettre à contribution les capacités de discernement, d'appréciation et de jugement de l'individu.

Chapitre 8

Un objectif temporaire

LE COMMENTAIRE

Dans une économie qui, d'heure en heure, gagne en complexité et en diversification, il est inévitable que de nombreuses sociétés se trouvent embourbées dans une crise d'identité.

Plus l'environnement se différencie, plus il est important — et plus il est difficile — de savoir ce que l'on fait au juste.

Le problème de l'autodéfinition se pose à toutes les entreprises. Fabriquons-nous des balles de golf ou travaillons-nous dans le secteur des loisirs ? Notre compagnie de transport aérien doit-elle être propriétaire d'hôtels ? Si nous dirigeons une compagnie cinématographique et une plantation de cannes à sucre, en vertu de quels critères déciderons-nous d'être ou de ne pas être aussi des avionneurs ? Et si nous sommes une firme de location d'ordinateurs ou une compagnie d'assurances, pourquoi, diable, possédons-nous une agence littéraire ?

Tous ces problèmes posent la question de l'autodéfinition.

Est-il important pour une entreprise d'avoir un programme ou une mission cohérents dépassant les critères proprement financiers ? A supposer qu'elles répondent aux exigences de rentabilité, n'importe quelles combinaisons d'activités s'articuleront-elles aussi bien entre elles que telles ou telles autres ? Bref, l'identité est-elle un impératif catégorique ?

Pour ce qui est d'A.T.T., le concept de « service universel » a été le ciment de la firme à l'époque où le produit essentiel qu'elle proposait était ce que l'on appelait au temps de grand-papa le POTS *(plain old telephone service*[1]*)*. Mais dans un environnement caractérisé par l'accélération du changement, plus complexe et en cours de démassification continuelle, le POTS n'était plus suffisant et il devenait primordial de savoir si le rôle de la compagnie était de louer des appareils téléphoniques ou de faire accéder l'abonné à son réseau de connexions. Et, dans ce dernier cas, de savoir quels types d'équipements fabriquer et à quelles fins. A.T.T. s'occupait-elle d'ordinateurs ? Devait-elle s'en occuper ? Le réseau lui-même était-il un ordinateur géant ? Si oui, cela obligeait-il la société à entrer bon gré mal gré dans le secteur de l'information ? Certes, les annuaires faisaient d'elle un collecteur et un diffuseur d'informations — mais lui fallait-il aussi collecter et diffuser électroniquement d'autres formes de données ? Si les pouvoirs publics se préparaient à autoriser d'autres firmes à utiliser le réseau A.T.T., à qui reviendrait alors la charge d'assurer le « service universel » ?

Si ces questions et d'autres du même genre demeuraient sans réponse, comment l'état-major de la société pourrait-il déployer ses ressources intelligemment ?

Une mission cohérente est un puissant outil qui peut aider les décideurs à éviter les écueils et à sauter l'obstacle de la complexité. En pratique, elle ne leur souffle pas seulement ce qu'il convient de faire mais, surtout, elle les aide à déterminer *ce qu'il ne faut pas faire.*

Cependant, un ordre de mission rédigé à une époque où le téléphone était une rareté aux Etats-Unis et qui donnait comme consigne à la compagnie d'être l'alpha et l'oméga pour tout un chacun est de peu de secours quand cette compagnie est confrontée à un hyperchoix. La mission traditionnelle de « service universel », qui reposait sur des postulats frappés d'anachronisme, ne pouvait plus servir de guide aux décideurs d'A.T.T. Au lieu de leur faciliter la tâche consistant à opérer une sélection dans la palette sans cesse plus large des stratégies possibles, elle n'aboutissait qu'à placer les diverses options sur un pied d'égalité.

La *raison d'être*[2] de la Bell avait tout bonnement perdu sa justification.

Cela s'appelle une crise d'identité.

Or, cette crise n'est pas encore résolue. A l'origine, société sévèrement bridée et réglementée, A.T.T. est devenue une société

1. En quelque sorte, « le bon vieux téléphone de papa ». (*N.d.T.*)
2. En français dans le texte.

largement « déréglementée », et cette métamorphose lui a ouvert une multiplicité déroutante d'opportunités nouvelles. Ses dirigeants sont passés quasiment du jour au lendemain d'une situation de pénurie à une situation d'hypertrophie du choix. Et la véritable quête de son autodéfinition a à peine commencé.

Tout cela est vrai dans une large mesure pour d'autres firmes en proie au tourbillon du changement qui nous emporte. Mais combien d'entre elles sont-elles prêtes à la déchirante autocritique à laquelle se sont volontairement soumis les dirigeants de la Bell — bien des années avant que les pouvoirs publics les y aient contraints ?

LE RAPPORT

Tout comme son homologue de l'ère industrialiste qui opérait à partir d'un ensemble de principes — ou d'espérances —, le chef d'entreprise de la révolution super-industrialiste qui doit donner son élan à une grosse société doit avoir une boussole. Ce n'est qu'en créant un modèle de société super-industrialiste d'où l'on inférera ses principes d'action qu'il sera possible de formuler les buts adéquats vers lesquels il convient de faire tendre la firme.

Faute de disposer d'un tel modèle, la Bell a eu de la difficulté à déterminer de nouveaux objectifs une fois réalisés ceux qui lui avaient jadis été fixés. Ainsi, le but simple de « service universel » a été suffisant jusqu'au milieu des années 50 pour aider les responsables de la compagnie à prendre leurs décisions. Mais la variété grandissante des produits, des services, des options technologiques et des besoins des consommateurs, créant une situation d'hypertrophie des choix, a obscurci la vision limpide de naguère.

Au plan de la rhétorique, l'ancien idéal continuait de prévaloir. Un haut dirigeant de la Bell nous disait, par exemple, que, au moins jusqu'aux années 60, « si vous demandiez au président (...) de cette compagnie quelle était notre activité, il vous aurait répondu (...) : " satisfaire aux besoins de tous et de chacun en matière de communication. " »

Mais, au plan de l'action, cette formule se révélait de plus en plus caduque. Placés devant la nécessité de faire des choix rapides et lourds de conséquences entre les options technologiques et économiques qui s'offraient à eux, les managers de la Bell ne tardèrent pas à s'apercevoir qu'il était impossible de contenter tout le monde, et en tout. Une mission nouvelle, et moins ambitieuse, se révélait indispensable.

Pour être fécond, un objectif doit être contraignant. Il doit aider les dirigeants d'A.T.T. à décider ce qu'A.T.T. *ne devrait pas faire.*

Mais ce n'est pas tout. Il doit, aussi, être assez simple et assez clair pour être appréhendé par tous, de sorte que la dernière arrivée des standardistes, le dernier arrivé des installateurs, soient en mesure de le comprendre. Il doit être mobilisateur et apporter au personnel une image de ses propres activités qui le dynamise. Il doit être en concordance avec les buts plus vastes de la société en tant que telle et aider les gens de l'extérieur à comprendre ce que fait la Bell et en quoi ce qu'elle fait est important. Il doit tenir compte des facteurs sociaux aussi bien que des facteurs économiques. Et apparaître d'emblée comme temporaire — c'est-à-dire susceptible d'être constamment réaménagé.

En prenant pour point de départ le modèle du super-industrialisme tel qu'il a été esquissé plus haut et les préceptes de gestion qui en découlent, il est possible de définir pour la Bell System un nouveau projet valable pour les années à venir.

J'estime que la Bell System n'a pas pour vocation de fabriquer du matériel ; ni de gérer un réseau de communications ; ni d'équiper chaque foyer d'un deuxième ou d'un troisième téléphone rose ; ni, en aucun cas, de satisfaire tous les besoins en matière de communications qui peuvent venir à l'esprit de n'importe qui, même si ce n'importe qui est prêt à y mettre le prix.

Je soutiendrais, au contraire, que l'objectif de la Bell System dans l'avenir immédiat peut se résumer comme suit :

> La mission de la Bell System est de doter les Etats-Unis du système de communication vocale et informatique le plus technologiquement avancé en fournissant les produits et services, *et exclusivement ceux-là,* qu'aucune autre compagnie ne peut fournir à des niveaux de coûts, de qualités et de préoccupations sociales équivalents.

Au lieu que la Bell s'efforce de satisfaire tout le monde et son père, politique nébuleuse qui porte à présent préjudice à sa capacité à affronter les problèmes mêmes qui sont la priorité des priorités, je propose l'adoption du principe de l'unicité pour aider ses dirigeants à élaguer celles de ses activités dont l'importance est secondaire, qui font obstacle à d'autres qui l'emportent en primauté ou aboutissent à empêcher la compagnie de s'adapter harmonieusement à l'environnement de la société super-industrialiste en gestation.

Si on l'étudie avec attention, on constatera que le programme dont nous allons tracer les grandes lignes vise, non pas à la « désintégration » de la Bell System mais, tout au contraire, à une *extension spectaculaire* de son intégration à une sphère élargie, ce que nous appellerons la « constellation » Bell. Celle-ci comprendra la Bell System en tant que telle et un grand nombre de sociétés et d'organisations associées dont la Bell appuiera, coordonnera, évaluera et supervisera les activités pour autant qu'elles contribueront à la réalisation de ses objectifs. A tous les niveaux, les tendances décentralisatrices et la dévolution du pouvoir auront pour pendant un renforcement équivalent du centre.

Ce ne sera que grâce à l'intégration à cette sphère élargie que les besoins bourgeonnants de la nation dans le domaine de la communication pourront être satisfaits. Chercher à parvenir à les satisfaire en se contentant de gonfler la Bell System telle qu'elle existe aujourd'hui, en se lançant dans une politique d'expansion tous azimuts, est la tactique la plus dangereuse. Elle condamne la compagnie à l'immobilisme, étouffe son sens des responsabilités, la voue aux sureffectifs, ponctionne son capital jusqu'à ses limites extrêmes et, du fait de sa taille seule, cristallise une hostilité politique qui n'est ni saine ni inéluctable.

Le projet que nous présentons est la création d'une Bell System super-industrialiste d'un type nouveau dont le dynamisme moral, la force motrice et le rôle social auront pour source sa « non-interchangeabilité ». Ses activités varieront d'une année sur l'autre, sa structure interne se modifiera, ses dimensions seront changeantes mais sa mission, génératrice de stabilisation, sera pendant la période qui s'annonce d'être l'essieu sur lequel reposera la bonne marche du système de communications de l'Amérique et la colonne de direction qui la fera aller de l'avant en fonction des besoins et des possibilités technologiques.

Si l'on considère le rôle social de la Bell System et si l'on admet que son existence économique contribue à le lui faire assumer, il s'ensuit toute une série de propositions. En effet, la mission ainsi définie implique l'abandon de certaines fonctions actuellement assurées par la Bell dès l'instant où il sera établi que, compte tenu d'un cahier des charges faisant entrer en compte les coûts, la qualité et le bénéfice social, ces fonctions pourront être convenablement remplies par une autre personne morale. Elle implique également l'expansion d'autres fonctions qui sont présentement réduites à la portion congrue mais qui réclament qu'on leur prête davantage d'attention. Comme il en va de l'Etat-nation, une part du pouvoir doit descendre du sommet vers la base et une autre part aller de la périphérie vers le centre.

En outre, puisque la définition du nouvel objectif sous-entend que certaines fonctions assurées par la Bell seront transférées à d'autres entités qui auront la capacité de les remplir, cela implique aussi que *les fonctions mêmes exercées par la société mère continueront de changer* — que la Bell précédera toujours de quelques pas ses autres partenaires dans le secteur des communications.

C'est là une conception dynamique, et non plus statique, du rôle de la Bell System qui réclame, par conséquent, des formes d'organisation, elles aussi, plus dynamiques.

Bref, cet objectif, si on le prend au sérieux, exigera une substantielle restructuration de la compagnie mais il débouchera, à mon sens, sur une organisation plus souple, apte à « encaisser » l'extrême rapidité des changements qui nous attendent.

CINQUIÈME PARTIE

La structure de demain

Chapitre 9

Les problèmes organisationnels

LE COMMENTAIRE

Si nous voulons survivre aux changements qui déferlent aujourd'hui, nous devons nous préparer à reconsidérer les modèles mêmes sur lesquels reposent nos organisations devenues obsolètes.

Les chapitres qui suivent suggèrent une façon inédite de concevoir l'activité industrielle. Au lieu de départements conventionnels rigides, l'entreprise réunit un ensemble de structures d'une extrême souplesse divisées en « cadres » et en « modules ». Au lieu d'être traitée comme une entité isolée, on admet qu'elle occupe une position centrale au sein d'une « constellation » fluctuante (dont elle est elle-même partie prenante) de sociétés, d'organismes et d'agences connexes. Ce qui en résulte est, je crois, un modèle frappant d' « organisation adaptative ».

Le « cadre » est le maillage de coordination ténu qui cimente un agglomérat d'unités temporaires, modulaires. La constellation comprend la société mère et les organisations extérieures, indépendantes ou semi-autonomes, sur lesquelles elle s'appuie. (Cette définition s'inspire de l'idée de « constellation » que le théoricien de l'organisation, Bertram Gross, a été le premier à formuler.)

Les pages qui suivent sont l'application concrète de ce concept à la Bell System. Le rapport s'attache à montrer comment la plus grande compagnie du monde peut être mise à plat et restructurée, comment les fonctions de ses diverses filiales pourraient être redistribuées d'une manière profitable tant pour la firme elle-même que pour la société en général.

Toutefois, avant d'examiner la signification profonde des fonctions modulaires et des fonctions cadre, il convient de jeter un coup d'œil sur trois problèmes omniprésents qui se posent aujourd'hui aux entreprises : l'inadéquation organisationnelle ; la confiance outrancière dans une hiérarchie verticale ; et la pure et simple désagrégation engendrée par le dogme en vertu duquel ce qui est grand est obligatoirement meilleur.

Ces trois écueils, tous les responsables d'une grosse entreprise les connaissent bien. Mais que faire pour les éviter ? Là, les choses sont moins claires. Ces trois problèmes travaillaient indiscutablement A.T.T. lorsque je suis entré en scène. J'ai estimé nécessaire de mieux les comprendre pour que l'idée de cadre/module acquière sa pleine signification.

LE RAPPORT

Le changement de l'environnement extérieur généré par le passage de l'industrialisme au super-industrialisme exigera des géants d'aujourd'hui, y compris la Bell System, qu'ils opèrent des transformations structurales fondamentales.

Le symbole qui illustre le mieux cette mutation se trouve peut-être dans la différence opposant la pyramide de Chéops au mobile de Calder. Les bureaucraties industrialistes classiques ont une structure pyramidale : un petit groupe au sommet et un déploiement de départements permanents et fonctionnels en dessous. L'infrastructure de l'entreprise super-industrialiste sera plus vraisemblablement constituée d'un « cadre » ténu et semi-permanent servant de support à toute une variété de « modules » légers et temporaires. Ceux-ci, comme dans les constructions de Calder, se déplaceront sous l'influence du changement. Ils pourront être supprimés ou disposés selon une autre configuration en fonction des modifications intervenant dans l'environnement extérieur.

Nous allons voir comment la formule cadre/module est applicable à la Bell mais, avant, il est nécessaire d'examiner trois problèmes d'organisation créés par la révolution super-industrialiste.

L'INADÉQUATION

Dans la plupart des entreprises, les formes d'organisation existantes sont conçues pour produire de façon répétitive un certain nombre de types de décisions élémentaires.

Dans le système bureaucratique traditionnel, il y a au sein de l'organisation une unité correspondant à chacun des problèmes créés par l'environnement — marketing, fabrication, financement, etc. Comme ces types de problèmes sont à la fois quantitativement limités et répétitifs, il suffit de les « brancher » sur l'unité appropriée exactement comme on enfonçait la fiche mâle dans la prise femelle des anciens centraux.

Mais, aujourd'hui, eu égard à leur multiplicité grandissante, les problèmes ne correspondent plus aux différentes composantes de l'organisation. Au lieu de fiches rondes, nous sommes soudain en présence de fiches carrées, rectangulaires ou polygonales qui ne rentrent plus dans les trous. Par-dessus le marché, les nouveaux problèmes surgissent de plus en plus rapidement et il est de plus en plus difficile de prévoir l'ordre dans lequel ils se succéderont.

Il en résulte une inadéquation toujours plus accentuée entre la structure organisationnelle qui prévaut à tel ou tel moment et les besoins qui se manifestent simultanément. Tantôt, ce n'est pas le bon département qui est chargé de résoudre des problèmes qui ne sont pas de son ressort, tantôt les problèmes sont mal compris et gauchis de manière à se plier aux modalités organisationnelles préexistantes, tantôt celles-ci sont continuellement tripatouillées dans la recherche vouée d'avance à l'échec du type d'organisation permanent « parfait ».

Cette situation se traduit par une inefficacité structurale et une réorganisation incessante toujours plus marquées de sorte que tout nouvel organigramme n'a qu'une faible longévité.

Au niveau des sous-unités, l'accélération du changement — les besoins des consommateurs, les courants sociaux, le jeu des forces politiques, l'évolution démographique, etc. — a pour effet de confronter l'entreprise à un kaléidoscope toujours plus vertigineux d'opportunités et de problèmes « sans suite ». Plus le rythme du changement s'emballe et moins il y a de continuité dans la société, moins les problèmes de demain auront de chances de ressembler à ceux d'aujourd'hui.

Cependant, un problème « sans suite », un problème temporaire, exige pour être résolu une organisation « sans suite », une organisation temporaire. Edifier de fond en comble une structure permanente pour régler un problème qui aura cessé d'exister au bout d'un laps de temps déterminé est de toute évidence une solution dépourvue d'efficacité. Aussi assistons-nous à un bourgeonnement nécessaire d'unités modulaires, éphémères ou autodestructrices — cercles de travail, cellules de réflexion, comités *ad hoc* et autres groupes constitués en vue d'une tâche spécifique et temporaire. Certains peuvent être extrêmement nombreux — c'est le cas de la NASA —, certains peuvent être conçus pour durer de nombreuses années et d'autres quelques jours seulement.

Si le rythme du changement doit effectivement s'accélérer brutalement au cours des dernières années du siècle, nous devons nous attendre à une vaste prolifération d'organisations et de sous-organisations éphémères. Ce passage de formes structurales permanentes à des formes ad-hocratiques représente, en fait, un ample et fondamental phénomène d'adaptation de la société aux impératifs d'une foudroyante mutation sociale.

LA HIÉRARCHIE

Les hiérarchies de stricte verticalité où les consignes venues d'en haut sont relayées et transmises avec fluidité tout au long de la chaîne de commandement ont longtemps été considérées comme des dispositifs extrêmement efficaces, et cette forme de contrôle est caractéristique des organisations de l'âge industrialiste.

Ce système de contrôle dépend, cependant, de deux facteurs : un feedback, une rétroaction, lourd et précis venant des hommes de terrain et une relative homogénéité des types de décisions à prendre. Quand les genres de problèmes posés aux décideurs sont répétitifs et d'un faible degré de variabilité, le management est en mesure de collecter une grande quantité d'informations et les erreurs comme les succès du passé lui font par leur accumulation même acquérir une riche expérience.

Mais, à présent, la hiérarchie strictement verticale est à bout de souffle du fait que deux des raisons fondamentales de sa réussite sont en voie de disparition. Les responsables sont toujours davantage placés devant la nécessité de prendre des décisions de types de plus en plus variés, de sorte que, outre ces décisions de caractère techno-économique, ils sont de plus en plus écrasés sous le poids de responsabilités concomitantes — politiques, culturelles, sociales. Et, dans le même temps, l'efficacité de la rétroaction dans le sens base-sommet est en perte de vitesse.

Si l'on raisonne dans l'absolu, on n'a jamais vu dans l'histoire une telle masse d'informations monter vers le sommet — beaucoup plus d'informations que les managers ne sont capables de digérer et d'assimiler. Pourtant, eu égard à l'ampleur et à la diversité des problèmes qui se posent à eux et à leur accélération, la rétroaction est d'une pauvreté insigne.

La révolution super-industrialiste diversifie radicalement l'environnement économique, technologique et social au sein duquel opère l'entreprise, ce qui exige de celle-ci des réponses à la fois plus variées et plus promptes. Le rythme des besoins, des perspectives qui s'ouvrent et des pressions qui s'exercent atteignant une rapidité jusque-là inconnue, l'information indispensable a moins de temps pour parvenir aux différentes strates de la hiérarchie et les dirigeants ont, de leur côté, moins de temps pour acquérir la dose d'expérience nécessaire au règlement des différentes catégories de problèmes. La distance séparant le sommet de la base n'est pas simplement une question de taille ou de nombre d'échelons à franchir : il faut aussi faire entrer en ligne de compte la diversité des données à traiter.

En conséquence, c'est, aujourd'hui, à des couches de plus en plus inférieures de l'organisation qu'il incombe de prendre des décisions effectives. La volonté de participation ne découle donc pas d'une idéologie politique : c'est la reconnaissance du fait que la structure actuelle du système est dans l'incapacité de réagir efficacement aux changements accélérés de l'environnement. C'est la raison pour laquelle commencent à s'élever des voix qui exigent la décentralisation politique, le partage des revenus, l'intervention des associations populaires, l'autonomie locale, etc.

L'ÉCHELLE

Nombre de firmes, et en particulier A.T.T., voient surgir la possibilité que la poursuite de leur croissance se révèle finalement préjudiciable aux intérêts, non seulement de la société elle-même, mais, aussi, de leurs actionnaires. Dans un article consacré aux géants de l'économie américaine, la revue *Fortune* écrivait en mai

1972 : « Les 500[1] ont traditionnellement bénéficié de dividendes et de marges de profit supérieurs à ceux des parts émises par des sociétés de moindre envergure. Or, ce double privilège a été brutalement écrémé au cours de ces huit ou neuf dernières années, et, dans le redressement intervenu lors du précédent exercice, aucun indice ne laisse présager un renversement de la tendance (...). Il (...) semble possible qu'un grand nombre de sociétés parmi les plus importantes aient dépassé la taille permettant à leurs activités de produire le profit optimal — c'est-à-dire que la taille implique de façon croissante des “ dés-économies ” d'échelle. »

Ce rapport n'a pas pour but d'analyser la situation de la Bell en fonction des répercussions de l'échelle. Mais il est indiscutable que c'est là un grave problème. Si on les extrapole jusqu'en 1985, les actuelles courbes de croissance sont indicatives d'un éclatement de la firme échappant à tout contrôle.

Comment être fidèle à ses engagements envers le public et envers ses actionnaires sans être atteinte d'acromégalie, de durcissement de ses artères décisionnelles et de sclérose terminale ? Tel est le défi que la Bell devra relever au cours de la prochaine décennie. Je crois que ce problème est intimement lié aux questions d'inadéquation des ressources et de l'autoritarisme hiérarchique que nous venons d'aborder.

Cette trilogie organisationnelle signifie que dans les dix ans à venir, A.T.T. aura à faire un grand pas en avant vers une structure plus souple s'inspirant du mobile et non plus de la pyramide. Pour y parvenir, il importe d'admettre une fois pour toutes que, même si le système de communications de la nation tout entière exige à moyen terme l'embauche de trois millions — ou plus encore — d'agents, il n'est nulle part écrit en lettres de feu que tous devront nécessairement être au service de la Bell System. Intégrer les activités d'une constellation de compagnies et d'organisations sans les faire forcément entrer toutes dans le giron d'une seule et unique firme est possible.

1. Les 500 plus grosses sociétés américaines. (*N.d.T.*)

SIXIÈME PARTIE

Projet pour une entreprise super-industrialiste

Chapitre 10

Des fonctions modulaires

LE COMMENTAIRE

« Pourquoi a-t-il fallu qu'ils chambardent A.T.T. alors que nous possédions déjà le meilleur réseau téléphonique du monde ? »

Cette question revient continuellement sur le tapis. De nombreuses réponses alambiquées lui ont été apportées — et le public a tenu la plupart d'entre elles pour nulles et non avenues. Pourtant, la véritable réponse est toute simple : Même s'il est le meilleur du monde, un système téléphonique est encore insuffisant — voilà tout.

Tout pays qui tourne la page de l'ère de la cheminée d'usine a besoin de réseaux décentralisés, ultra-rapides et à haute capacité pour faire circuler, parallèlement aux communications téléphoniques classiques, des masses considérables de données informatiques, d'images vidéo et autres types de messages.

Les Etats-Unis déclareraient forfait au bout de cinq minutes sans ces adjonctions au réseau téléphonique ordinaire. Et un système de communications digne du XXIe siècle ne pouvait pas être mis en place par un organisme atteint de gigantisme, hypercentralisé et exagérément corseté tel qu'était A.T.T. avant le grand dégraissage.

Telle est la raison structurale cachée de la transformation d'A.T.T. et voilà pourquoi la Grande-Bretagne, l'Allemagne fédérale, la France et le Japon envisagent, eux aussi, de réorganiser leurs propres systèmes téléphoniques. Encore divisés sur la forme à adopter pour ces nouvelles institutions, écartelés entre les centralisateurs et les décentralisateurs, les partisans de la nationalisation et les champions de la privatisation, tous ces pays se penchent sur A.T.T. nouvelle formule avec le plus vif intérêt.

Le maintien des vieilles structures de la firme aurait sans contredit rapidement conduit l'Amérique à abandonner la prétention d'avoir le système de communications le plus avancé du monde. Aussi, déjà en 1972 quand je préparais ce rapport, la question n'était pas de savoir s'il fallait ou non démanteler l'ancien système mais comment faire pour y parvenir.

Dans ce chapitre, je commençai à définir une stratégie concrète ayant pour objet l'atomisation de la Bell. Ce faisant, je jouais l'éléphant dans le magasin de porcelaine. Armé des concepts de cadres et de modules, je réclamais l'élagage de certaines fonctions clés assumées par la Bell et m'en prenais à sa politique d'intégration verticale. Je renvoyais dos à dos les mises en demeure du gouvernement des Etats-Unis qui voulait que Western Electric fût désenclavée et l'attachement théologique d'A.T.T. à son bras séculier. (Les deux positions me semblaient aussi inadaptées l'une que l'autre.)

Chose plus importante encore, la stratégie que je formulais dans ces pages reconceptualisait le rôle du département « recherche et développement » ; elle avançait l'idée qu'une unité de recherche puissamment dynamisée pouvait, elle aussi, générer des activités et produire du bénéfice. (Hélas, cette suggestion est, à ma connaissance, demeurée lettre morte bien qu'elle puisse se révéler la clé de voûte de l'avenir des Bell Laboratories.)

Enfin — et c'était là, de tous les problèmes, le plus brûlant —, je soutenais qu'A.T.T. n'avait pas besoin d'être totalement propriétaire des sociétés périphériques. En 1972, c'était là une idée parfaitement hérétique et, ne voulant pas m'aliéner complètement l'état-major de la Bell, je la formulais avec tout le tact possible. Cependant, j'estimais que l'abandon, au moins partiel, des sociétés manufacturières était un élément essentiel à toute stratégie de remodelage du Système.

Ce qui était alors une série de propositions révolutionnaires à usage interne destinées à être discutées au sein d'A.T.T. est devenu un débat brûlant à l'échelle nationale — et même planétaire. On peut alléguer qu'en adoptant (ou en étant forcée d'adopter) quelques-unes de ces orientations stratégiques, A.T.T. s'était exposée à prendre des risques sans précédent. Néanmoins, je continue de croire comme je le croyais à l'époque que le refus de s'engager dans les directions que traçait ce rapport, aurait créé des risques encore plus grands — non seulement pour A.T.T. mais, aussi bien, pour les Etats-Unis mêmes.

LE RAPPORT

On peut imaginer la Bell System de l'avenir comme le cerveau d'une vaste constellation de sociétés et d'organisations œuvrant toutes pour la maintenance et le développement de la capacité de communication, vocale et informatique, de la nation. Pour jouer son rôle en ce domaine, la Bell n'est nullement menacée de boulimie. En vérité, si la constellation grossit, et cela ne fait aucun doute, pour répondre aux besoins grandissants du pays en matière de communications, il se pourrait fort bien que, pôle et noyau de celle-ci, la Bell se contracte, se resserre et se renforce. Son influence et sa capacité d'intégration connaîtraient alors une forte extension.

Il importe, en conséquence, qu'elle veille à conserver étroitement le contrôle de la qualité technique, de la recherche et du développement, des décisions d'investissement majeures, de la programmation, de la formation du personnel, des activités de coordination et d'autres fonctions du même ordre qui seront évoquées de manière plus exhaustive plus bas.

En combinant ces orientations — la création de la constellation et l'évacuation de certaines fonctions d'une part, le renforcement des fonctions de contrôle de la Bell System d'autre part —, A.T.T. serait en mesure de :

— réguler sa croissance,

— diminuer ses effectifs,

— alléger le fardeau du capital direct,

— réduire la charge décisionnelle aux niveaux supérieurs de l'organisation,

— accroître la souplesse des affectations de crédits,

— se fortifier politiquement dans de grandes proportions en créant aux plans local et national un vaste réseau d'entreprises de sous-traitance et de sociétés affiliées à la constellation dont les intérêts empiéteront sur ceux de la Bell System.

A mon sens, des changements ainsi orientés auront pour effet d'accentuer la capacité de la firme à affronter l'innovation, à expérimenter, à faire pièce aux conséquences de l'erreur ou du désastre et à se transformer en une organisation dont le produit essentiel qu'elle sécrétera sera le leadership.

Mais, et c'est plus important que tout le reste, la combinaison de ces orientations rendra possible une conversion fondamentale d'A.T.T., organisation pyramidale, en une organisation de forme super-industrialiste reposant sur la notion d'un « cadre » semi-permanent et d'éléments « modulaires » plus éphémères. (C'est pourquoi, dans la suite de ce rapport, j'établirai une distinction entre les « fonctions modulaires » et les « fonctions cadre ».)

La création de la constellation pourrait commencer par le transfert de certaines fonctions assumées par la Bell à d'autres sociétés. Eu égard à l'objectif poursuivi, ces organisations, embryon de la future constellation, devraient donc répondre à certains critères. Il faudrait que leurs activités soient :

1. Simples et répétitives conformément au modèle industrialiste,
2. Génératrices de capitaux,
3. Qu'elles prêtent à polémique sur le plan social ou politique,
4. Qu'il soit plus économique de les confier à des sous-traitants.

Gardant ces critères en tête, nous allons maintenant faire le point de la situation telle qu'elle se présente à l'heure qu'il est.

LA WESTERN ELECTRIC

Historiquement, les détracteurs d'A.T.T. qui réclamaient que la firme se défît de la Western Electric alléguaient que celle-ci lui faisait faire des super-bénéfices en gonflant le prix des équipements. A cet argument, A.T.T. répliquait que la Western était en mesure de produire des matériels de meilleure qualité et à meilleur prix que quiconque et qu'elle devait impérativement rester dans le giron de la Bell System en raison de ses liens étroits avec le secteur développement et recherche.

Ce débat, si important qu'il ait été naguère, occulte cependant certains problèmes, selon moi plus vastes et plus graves, problèmes qui tournent autour de la question : quelle sorte d'entreprise A.T.T. veut-elle être demain?

Sans s'en rendre compte, les responsables de la Western ont préparé l'avenir de cette société chaque fois qu'ils ont été amenés à prendre une décision *make-or-buy* — fabriquer ou acheter. Pareille décision est prise compte tenu de considérations d'ordre économique, stratégique ou de complexité. C'est ce qu'explique le rapport McKinsey : « Des décisions *make-or-buy* arrêtées avec sagesse (...) contribuent à réduire les coûts (...) et à utiliser de manière optimale les installations et les équipements de base existants. »

Là, les considérations d'ordre économique ont la priorité.

Les dirigeants de la Western se sont, par ailleurs, efforcés de suivre dans leurs grandes lignes les directives stratégiques contenues dans la circulaire n° 10 leur enjoignant de *fabriquer* les matériels qui « interviennent dans les communications, les contrôlent ou les touchent directement » et de *n'acheter que* ceux qui ne « sont pas partie intégrante du réseau de communications ».

Enfin, ils ont tenu compte de la complexité inhérente aux matériels en question et la Western s'est fixé comme objectif d'acheter à des tiers des équipements relativement simples.

Mais ces considérations omettent deux paramètres : la nature des opérations qu'impliquent la production et le mode d'organisation qui en découle.

Le personnel de la Western est présentement engagé dans trois types d'opérations :

1. Un artisanat *préindustrialiste* traditionnel fondé sur des tours de main appris sur le tas ;
2. Des tâches de type *industrialiste* classique de nature routinière

ou répétitive dans le cadre de l'usine ou du bureau, calquées sur le modèle de l'usine ;

3. Un « artisanat » et un « intellectoriat » *super-industrialistes* ressortissant à une technologie de pointe, qui fait appel à des talents nécessitant une préformation intensive et à la manipulation créative de symboles qu'exigent la recherche, l'élaboration de systèmes, la programmation informatique complexe, etc.

Ainsi, le passé, le présent et le futur cohabitent-ils déjà au sein de la Western.

Comme il en est allé pour le textile et les charbonnages au début de la révolution industrielle, puis de la chimie et de la construction automobile à une phase ultérieure, certaines branches industrielles joueront, elles aussi, un rôle critique dans le passage à la société super-industrialiste. Cela sera particulièrement vrai pour les industries de la communication et de l'information mais ces secteurs mêmes ne seront pas pour autant des resucées de l'entreprise industrialiste type.

Les industries caractéristiques, et qui seront en même temps les industries cardinales, seront celles fondées sur la troisième modalité. La société aura toujours besoin de produits fabriqués par les ateliers « routiniers » de l'industrialisme mais ils perdront de leur prestige, de leur importance et, probablement aussi, de leur rentabilité, exactement comme cela a été le cas du textile, des charbonnages et autres secteurs. A mesure que la société super-industrialiste se développera, les firmes reposant sur les formes de travail du troisième type constitueront l'aile marchante de l'industrie et attireront, avec le temps, le summum de gens qualifiés, de matière grise et d'appuis financiers.

Il est, bien sûr, aussi impossible de « prouver » cette assertion qu'il l'aurait été de prouver aux usines textiles de Nouvelle-Angleterre ou aux houillères de Virginie occidentale qu'elles perdraient fatalement le rôle central qu'elles occupaient dans l'économie américaine. Pourtant, cette projection est dans la logique, non seulement de l'histoire, mais également du modèle de super-industrialisme qui est à la base du présent rapport.

Il en résulte que les décisions *make-or-buy* à prendre par la Western devront faire entrer en ligne de compte, outre les critères usuels (économiques, stratégiques et de complexité), les effets à long terme de ceux-ci sur l'équilibre des modes opératoires. La conversion de la lourde organisation industrialiste qu'est la Western en une entreprise essentiellement super-industrialiste peut exiger qu'elle renonce à certaines de ses fonctions de fabrication les plus simples et les plus routinières tout en conservant et développant ses activités plus complexes et plus avancées qui se révéleront être, en général, les plus étroitement associées aux Bell Laboratories et à la recherche pure.

Pour illustrer cette différence, prenons l'exemple de la fabrication des combinés téléphoniques d'un côté, de la création d'un central électronique de l'autre. On peut, certes, soutenir que des firmes concurrentes pourraient fabriquer des combinés aussi performants dans une fourchette de prix admissible mais il est improbable qu'une compagnie américaine sera en mesure de réunir les ressources et les personnels hautement qualifiés nécessaires pour concevoir, monter et installer des E.S.S. aussi bien et à des prix aussi étudiés que la Western. De plus, la modification du réseau Bell pour intégrer le E.S.S. est un processus relevant des modalités opératoires du troisième type et est directement fonction des aptitudes des bureaux d'études des Bell Laboratories.

Tendre vers ce but implique la volonté de transférer à d'autres la part la plus « faisable » des activités de la Bell System, celle-ci exerçant, bien entendu, un contrôle étroit pour assurer des réalisations de haut niveau au triple plan technique, économique et social. Les décisions de la Western devraient être prises sans ambiguïté en fonction de la nature du travail à effectuer.

LES BELL TELEPHONE LABORATORIES

Les Bell Labs représentent l'une des plus grandes pépinières intellectuelles du monde et l'une des pierres d'angle de l'avenir de la Bell System. A cela, il convient d'ajouter que leur activité entre pour une large part dans une catégorie qu'aucune autre société, aucune autre organisation ne *peut* réaliser aussi bien que la Bell System.

La réussite des B.T.L. a été due à l'application de la notion d'intégration technique — l'association la plus intime possible entre la théorie et la pratique, la recherche et la production. Ce que nous proposons ici n'est pas une désintégration, qui pourrait être fatale, mais, au contraire, l'*extension de l'intégration technique* au sein de la Bell Communications Constellation, système plus large que celui enfermé dans les frontières formelles d'A.T.T.

S'attacher sérieusement à poursuivre ce nouvel objectif signifierait qu'A.T.T. abandonnerait progressivement un certain nombre d'activités et inviterait d'autres compagnies à les reprendre et à rallier la constellation. Cela voudrait dire que les Bell Labs pourraient être amenés à apporter à d'autres compagnies, sous forme contractuelle ou autre, un soutien du même ordre que celui dont elle fait actuellement bénéficier la Western Electric. Concrètement parlant, si la Western confiait des fonctions répétitives et de routine à des tiers, les Bell Labs seraient à même de doter de bureaux d'études supplémentaires une ou plusieurs sociétés extérieures à la Bell quand cela s'avérerait nécessaire.

Cependant, les Bell Labs pourraient assumer une autre fonction clé — être « générateurs d'entreprises ». Au fil des années, ses inventions ont donné naissance à des branches industrielles tout entières. Or, celles-ci ont été considérées comme des sous-produits et non comme les résultats essentiels des efforts des B.T.L. De plus, du fait de la réglementation à laquelle elle a souscrit, la Bell a les mains liées, tant sur la disposition qu'elle a de ses brevets que sur leur prix de cession.

On pourrait aussi, d'un autre côté, considérer les B.T.L. non seulement comme un point d'appui de la Bell System mais comme une agence ayant explicitement pour tâche de créer les industries ou les compagnies à base technologique avancée nécessaires à la communication. Au lieu de se borner au rôle passif de concessionnaire de brevets, ils pourraient alors contribuer activement à monter des firmes qui exploiteraient ces derniers, peut-être en utilisant une formule d'association limitée dans le temps avec des sociétés déjà existantes non contrôlées par la Bell. De la sorte, les B.T.L. aideraient à lancer une nouvelle branche dans un domaine de technologie de pointe, étant entendu qu'il y aurait répartition des bénéfices pendant un nombre d'années déterminé, après quoi ils disposeraient de leur actif. Ce genre de coopération temporaire est dans le droit fil de l'organisation ad-hocratique, modulaire, et aurait deux résultats : conforter ceux qui redouteraient une concentration économique abusive tout en donnant l'assurance que les B.T.L. ne s'endormiraient pas sur leurs lauriers. Dans le long terme, cette orientation pourrait permettre une exploitation plus rapide et plus efficace de leurs innovations et, leur participation financière étant limitée à la période initiale de l'existence des entreprises nouvelles, c'est-à-dire celle où leur taux de croissance est élevé, cela leur garantirait de fructueux bénéfices.

Qu'ils assument ou non cette fonction de « générateurs d'entreprises », il va sans dire que les Bell Telephone Laboratories continueront de se transformer à mesure que les connaissances scientifiques et techniques rayonneront dans des directions imprévisibles. On peut ainsi imaginer une vaste expansion des sciences de la vie, par exemple, ou de la technologie des capteurs comme dans d'innombrables domaines considérés aujourd'hui marginaux par rapport à la transmission de la communication et des données. Il est tout aussi vraisemblable, si la firme adopte l'objectif que nous proposons, que les B.T.L. influeront sur d'autres composantes de la Bell (et *vice versa*) plus que ce n'est le cas aujourd'hui où l'influence de ceux-ci est canalisée par Western Electric et le groupe de liaison du 195 Broadway à Manhattan. Des convergences beaucoup plus complexes apparaîtront comme indispensables. Il sera parlé de certaines d'entre elles sous la rubrique consacrée à « l'environnement ».

LES COMPAGNIES DE TERRAIN

Les compagnies de terrain, satellites de la Bell, se heurtent aujourd'hui à une marée montante de difficultés parmi lesquelles nous citerons une croissance effrénée, des injections de capitaux extrêmement importantes, des taux de renouvellement élevés, le vandalisme, la sécurité des agents, les disparitions du matériel et une hostilité politique de plus en plus vive. L'adoption de l'objectif que nous proposons permettrait de pallier nombre de ces problèmes.

Si le principe en vertu duquel la Bell fournirait *exclusivement* les biens et les services que d'autres ne peuvent fournir en répondant à des critères de coûts, de qualité et d'intérêt social équivalents, était strictement appliqué, on s'apercevrait que nombre de fonctions présentement dévolues aux sociétés de terrain satellites en circuit fermé pourraient être confiées à d'autres, et parfois tout le monde y trouverait largement son compte.

A un moment ou à un autre, ces compagnies satellites ont, à l'occasion, passé contrat avec des tiers pour effectuer telles ou telles opérations — élagage des arbres, pose de canalisations souterraines, préparation et distribution des annuaires, par exemple. Même si, comme de juste, il y a eu des accrocs dans certains cas, il serait grandement bénéfique pour l'ensemble du système tel qu'il sera demain que l'on trouve le moyen de le décharger, en faisant appel à l'extérieur, d'un grand nombre de fonctions complémentaires qu'il assure, le contrôle de la qualité économique et sociale du travail étant garanti.

Dans les zones urbaines, par exemple, il serait excellent de confier la sous-traitance de l'entretien, de l'installation et du débranchement des lignes dont les compagnies satellites à l'enseigne de la Bell sont aujourd'hui responsables à des sociétés privées ou à des associations noires, mexicaines ou portoricaines. Des entreprises privées locales soumises à des normes de qualité sévèrement contrôlées auraient plus aisément accès au domicile des abonnés, leurs employés seraient plus en sûreté et leur matériel serait mieux protégé dans les zones à haut risque. Dans une période caractérisée par une diversification grandissante de la société et des rivalités de plus en plus vives entre les groupes sociaux, il est inéluctable que les filiales de la Bell soient de plus en plus entravées au plan local par des politiques traditionnelles favorisant les entreprises sur place et la standardisation dans le travail. En revanche, la Bell Canada a pu constater que la sous-traitance sur grande échelle confiée à de petites sociétés francophones s'est soldée au Québec par une substantielle amélioration des relations entre les communautés que d'autres pratiques n'auraient pas permise.

Cette orientation présuppose, toutefois, l'existence de sociétés de sous-traitance bénéficiant du financement, des équipements et de la formation adéquats. Une autre modalité, celle de la concession, a déjà été envisagée et discutée ; elle peut se révéler plus pratique là où il n'existe pas de sociétés privées disposées à conclure des accords de sous-traitance. Ainsi, Henry Boettinger écrivait-il dans un article en date du 7 avril 1970 : « Il y aurait une analogie entre les vendeurs d'automobiles, commerçants " indépendants ", et les constructeurs qui conçoivent et fabriquent le produit, le financent, en prennent en charge la publicité au plan national, le garantissent et forment le personnel d'atelier qui en assure l'entretien. »

Et, dans cet esprit, Boettinger pose la question de savoir si des industriels locaux ne pourraient pas avoir la propriété des taxiphones sous licence Bell dont ils assureraient l'installation et l'entretien moyennant une commission sur recettes. Le concessionnaire recruterait le personnel de son choix, personnel que la Bell formerait, et sa connaissance du paysage économique, social et politique local serait précieuse pour déterminer l'implantation ou la réimplantation des installations comme pour discuter avec les autorités sur place.

Le même principe, sous réserve de certaines accommodations indispensables, serait applicable à diverses activités — gestion du parc automobile, enlèvement des équipements débranchés, prise en charge de différentes fonctions administratives telles que la facturation, le recouvrement des créances et la tenue du registre de réclamation des usagers, l'installation et l'entretien de systèmes de télécommunications spécialisés pour les entreprises, etc.

Il est clair qu'une pareille politique ne pourra être réalisée sur grande échelle tant que les dispositions préalables n'auront pas été prises par les compagnies satellites pour assurer la supervision, la surveillance, la formation des personnels, le contrôle de la qualité, l'infrastructure financière, etc., des organisations rassemblées dans la constellation Bell. Ces compagnies devraient, cependant, se mettre à développer ces moyens dans les années qui viennent afin de rendre réalisable à long terme le nouvel objectif de la Bell System.

De même que cette orientation présuppose des rapports d'un type nouveau entre les filiales et leurs zones d'action, elle implique la remise en ordre des liens existant entre A.T.T. elle-même et ces filiales.

En premier lieu se pose la question du nombre. Nous avons assisté au cours des dernières années à une multiplication des *principal telephone companies* due au fractionnement de quelques-unes d'entre elles. Avec la tendance à l'élargissement de la diversité sociale qui se fait jour dans le pays, nous pouvons nous attendre à voir foisonner les P.T.S. Le nombre 21 n'a rien de sacré. Il est vraisemblable que ce fractionnement ira grandissant conformément aux exigences des variations aux niveaux régional et local ou aux pressions organisationnelles internes.

En deuxième lieu, les compagnies satellites obéissent à des considérations d'ordre géographique. Peut-être s'avérera-t-il nécessaire d'intégrer, en fonction de la nature du changement à venir, certains services en créant un réseau de filiales spécialisées au plan national — les critères de ces compagnies prenant en considération la fonction et pas seulement la géographie.

Reste le problème du contrôle financier. Aujourd'hui, A.T.T. détient plus de 90 p. 100 de l'actif de 18 des 21 *principal telephone companies*. Seules font exception à la règle la New England

Telephone et la Mountain States Telephone et la Pacific Northwest Telephone. Cette mainmise est-elle justifiée ? La question prête à discussion. En réduisant sa participation et en faisant place à l'actionnariat privé, un substantiel apport de capitaux frais pourrait s'investir. Bien entendu, l'adoption de cette ligne de conduite a des implications financières à très long terme qui réclament d'être étudiées soigneusement et avec prudence.

Elle n'est, toutefois, pas sans précédent dans l'histoire de la firme. Pendant sa période de fondation — période d'innovations et de mutations rapides sur bien des points comparable à celle que nous vivons —, la Bell possédait en principe entre 30 et 50 p. 100 (en général, 35 p. 100) du capital des filiales. A cette minorité de blocage s'ajoutaient des clauses interdisant à ces dernières de contracter des emprunts sans l'aval de la Bell qui, en outre, était représentée à leurs conseils d'administration, avait pleinement accès aux informations concernant leurs activités et se réservait encore d'autres moyens de contrôle.

La réduction de la participation de la Bell à l'actif des filiales n'a pas seulement des conséquences financières. Elle vise, tout comme le transfert de certaines fonctions à l'extérieur, à une meilleure intégration de la société aux localités où elle est présente. La politique de participation minoritaire poursuivie par la Bell dans les premiers temps de son existence était délibérément destinée à mettre en place des infrastructures locales — et ce fut une tentative couronnée de succès. Le projet que nous préconisons ici — faire appel à des sociétés extérieures, accorder des contrats de concession et démultiplier la détention des parts — apporterait à terme de nombreux avantages à la firme.

En installant dans le cadre de la constellation tout un réseau de petites entreprises et d'organisations dont les intérêts politiques coïncideraient avec ceux de la Bell System, cette dernière se ferait des alliés au rôle régulateur. Elle transférerait davantage la responsabilité de ses échecs comme de ses réussites au niveau local — auquel revient la plus large part de cette responsabilité. Elle favoriserait la croissance de petites entreprises saines, particulièrement au cœur des grandes villes où l'absence d'une classe moyenne viable est source de graves problèmes, non seulement pour la Bell System en tant que telle mais pour la société tout entière. Elle réduirait les besoins de la Bell en capitaux, qui gonflent dangereusement, et créerait en même temps une source d'argent frais.

Mais, et c'est le plus important, cela engendrerait un système où tel échec qui se produit ici ne met pas obligatoirement en péril le fonctionnement sans à-coups du service ailleurs et ne porte pas atteinte à l'image de la Bell System. Cela encouragerait l'expérimentation sur échelle réduite selon la méthode des essais et des erreurs et permettrait d'exploiter les résultats d'une expérience positive quand ce sera approprié sans les imposer autoritairement quand cela ne le sera pas. Cela rendra le Système pris en bloc plus réceptif au feedback local, plus conscient des différences locales et mieux à même de répondre aux variances des besoins locaux.

Enfin, cette ligne de conduite développera la constellation réunissant à la Bell System tout un faisceau de sociétés, organismes, agences de services et groupes associés. Ainsi la notion de « Système » s'élargira-t-elle jusqu'à inclure dans un même ensemble plus que la seule A.T.T.

Chapitre 11

Les fonctions cadre

LE COMMENTAIRE

Eliminer des filiales et passer des contrats avec des sociétés extérieures peuvent aider une entreprise à mieux s'adapter mais, en revanche, elle dépendra davantage des réalisations de ces autres sociétés. C'est la raison pour laquelle je disais qu'en faisant des coupes claires dans ses propres activités et en les organisant en « modules », il était nécessaire que la Bell renforce le « cadre » maintenant ces modules.

Et j'esquissai un nouveau modèle des rapports liant une grande firme à ses fournisseurs au sein de sa « constellation ».

L'une des fonctions « cadre » consiste à planifier et, là, une chose est évidente. Si le rapport prédisait avec justesse un grand nombre des changements clés qui sont intervenus depuis dix ans et plus, il se trompait du tout au tout pour ce qui était de la direction que devait prendre le changement au plan du contrôle et de la réglementation. Au lieu d'anticiper une « dérégulation », une diminution massive du poids de la réglementation fédérale, j'envisageai une programmation rationnelle de plus en plus poussée à l'échelle de la nation et indiquai de quelle manière A.T.T. pouvait la contrer. C'est là, à mon avis, la plus grave erreur de prospective qui entache le rapport.

Ceux qui avaient lu *Le Choc du futur* en 1970 n'ignoraient pas mon scepticisme en matière de planification centrale. Depuis, je suis devenu encore plus méfiant à l'égard des macroplans et j'ai publiquement, et à maintes reprises, plaidé pour que la liberté d'entreprise puisse jouer dans le domaine des télécommunications et dans d'autres encore. Je suis même partisan d'un élargissement encore plus radical de la « dérégulation » mais à condition qu'il soit assorti de dispositions de sauvegarde afin de protéger le consommateur.

Alors, pourquoi ai-je dans les pages qui suivent préconisé l'idée d'une planification aussi élaborée, pour ne pas dire aussi peu maniable ? Pour le comprendre, il convient de se rappeler qu'A.T.T. était, alors, un monopole géant dont les ramifications s'étendaient partout et qui, partout, se heurtait à diverses difficultés. Elle était encore enfermée dans le corset de fer du diktat du contrôle fédéral. On l'attaquait de toute part. Il paraissait probable, à l'époque, que, loin de s'émousser, le contrôle étatique ne ferait que se durcir et j'estimai que la planification verticale descendante, si cette hypothèse devait se vérifier, devrait être, au moins, cohérente et globale. Et il faudrait, par-dessus tout, qu'elle ait pour contrepoids une planification ascendante permettant aux usagers et à d'autres segments du public d'avoir leur mot à dire.

Je crois que ce rapport, en proposant le dégraissage de la Bell System, favorisait un système de communications plus libre, plus flexible, plus décentralisé et plus compétitif.

Mais faire leur part aux forces créatives du marché n'est pas nier la nécessité d'une politique de coordination allant au-delà de la vocation d'une seule entreprise, quelle qu'elle soit.

Les Etats-Unis sont le laboratoire de la planète en matière de télécommunications. Mais pour conserver leur place de leader, il leur faudra allier la puissance du marché à la prévision des besoins en communications à grandes distances, et, en outre, consentir d'énormes investissements dont on ne touchera peut-être pas les dividendes avant des dizaines d'années. La conclusion qui en découle est que, même dans une ère de « dérégulation », il y a encore une place pour la participation du public.

Cela dit, l'avenir de notre système de communications ne sera pas exclusivement déterminé par des considérations d'ordre économique. La communication est, d'abord et avant tout, un acte social — culturel, politique et psychologique par essence. Réglementer (ou « déréglementer ») les télécommunications pour des raisons étroitement économiques aboutit à faire perdre de vue l'importance primordiale de celles-ci. La télécommunication fait partie du ciment qui doit nous rassembler dans un monde en mutation que nous voyons se déliter et craquer sous nos yeux.

LE RAPPORT

La transformation de la Bell System de structure de type industrialiste en structure super-industrialiste et la constitution de la constellation Bell présupposent le déplacement de certaines fonctions à la fois vers le bas et vers l'extérieur. Mais ce double mouvement ne peut se mettre en branle qu'au prix d'un renforcement correspondant des mécanismes intégrateurs de la firme. Les unités ad-hocratiques, les modules, exigent d'être coordonnés. Ou, si l'on préfère, une restructuration effective impose, non pas un « relâchement des rênes du contrôle central » fait à l'aveuglette mais, au contraire, un mouvement d'ascension sélectif et contrôlé du pouvoir.

Il est des fonctions qui ne peuvent s'exercer que de manière centrifuge. En termes d'organisation, on pourrait les appeler « fonctions cadre ». Elles concernent essentiellement la coordination, la définition et la préservation des normes, et la mise à disposition de ressources ou de services spécialisés non seulement au bénéfice des filiales de la Bell proprement dites mais des sociétés et organisations constitutives de la constellation dans son ensemble.

Au début, l'organisation cadre ressemblera à la présente « organisation du 195[1] » mais, par la suite, un certain nombre des fonctions actuellement du ressort du 195 devront être élargies de manière radicale et complétées par de nouvelles. (Pour simplifier,

1. Voir note plus haut *in* Prologue.

nous considérerons les expressions « 195 » et « organisation cadre » comme interchangeables.)

Ainsi, un grand nombre des fonctions aujourd'hui de son domaine continueront tout simplement d'être de la responsabilité du 195. Il est évident, par exemple, que personne en dehors du 195 n'a les raisons ni les moyens de gérer les communications longue distance — les *long lines*. L'abaissement des coûts de transmission, allant de pair avec un accroissement de l'abondance et de la mobilité sociale fera faire un bond considérable à la demande que doit satisfaire cette unité et il se peut fort bien que cet état de choses impose sa réorganisation. Mais son fonctionnement aux niveaux national et international est si directement lié au maintien du Système en tant que système qu'elle devra continuer à relever de l'organisation cadre.

Demeurera aussi de l'attribution du 195 la responsabilité des opérations, de l'ingénierie, de la construction et de la liaison avec la Western et les Bell Laboratories. A mesure que la Western et les compagnies exécutives transféreront certaines de leurs fonctions à des tiers, l'organisation cadre aura à apporter son soutien — aide à l'orientation, assistance technique, etc. — aux organisations extérieures qui entreront dans la constellation. Elle devra, de plus, accorder son concours aux sociétés exécutives, à la Western et aux Bell Labs pour surmonter les difficultés qui naîtront de cette mutation. Ce sera possible, tout particulièrement pour ce qui est des premières, en les aidant à établir leurs programmes prévisionnels comme en définissant des « contrats modèles » ou des modes de « relations modèles » avec les compagnies et organismes extérieurs, en servant de dispatching pour assurer la diffusion d'informations relatives à l'expérience concrète acquise lors de ce travail de transformation, etc. Des fonctions nouvelles seront également dévolues à ces organisations et inscrites aux cahiers des charges — c'est là un point d'une importance telle que nous le développerons plus en détail dans les pages qui suivent.

L'escalade des besoins de la Bell en capitaux accroîtra pareillement l'importance des fonctions financières du 195. Comme l'une des raisons d'être du nouvel objectif assigné est de faire supporter partiellement le fardeau du financement à des compagnies extérieures à la Bell, l'unité financière pourra être appelée à apporter une assistance technique ponctuelle à ces dernières et peut-être même à tenir compte de leurs besoins dans ses prévisions. Le 195, en tant que banque centrale du Système, aura à faire preuve de plus de vigilance et de rapidité d'intervention que ce n'est aujourd'hui le cas. Les taux d'innovation de l'environnement grandissant, force lui sera de débloquer des crédits aux entreprises exécutives, à brève échéance et de plus en plus fréquemment, pour satisfaire à des besoins temporaires nécessités par de brusques fluctuations de la demande et des charges consécutives en matière de télécommunications. Peut-être, aussi, sera-t-il indispensable de mettre en place un programme de soutien financier momentané à l'intention des compagnies, organismes, adjudicataires, concessionnaires et sous-traitants englobés dans la constellation. Indispensable, également, de créer un SBIC ou un MESBIC interne pour certaines opérations. Nous retrouvons là fondamentalement le principe dont il a été question au chapitre consacré à l'intégration technique. L'intégration (ou, ce terme serait peut-être plus exact, l'orchestration) financière sera un impératif mais elle devra être incluse dans un système plus vaste que la Bell elle-même.

LE CONTRÔLE QUALITATIF

Plus les unités exécutives acquerront d'indépendance et plus les modalités d'octroi de sous-traitances, de baux, voire de concessions, gagneront en souplesse, plus il faudra porter d'attention au respect des cahiers des charges afin que soit assurée la compatibilité entre ces unités et le Système. Le contrôle de la qualité du service s'opérera à plusieurs niveaux. En premier lieu, il conviendra d'affirmer davantage les critères actuellement en vigueur pour parfaire avec les agences de réglementation les spécifications à appliquer. En second lieu, il y aura un développement et un réajustement permanent des normes au sein du Système même. Enfin, la mise en place d'un organisme de consultation et de contrôle visant à garantir que les normes de qualité soient observées dans l'ensemble de la constellation sera impérative.

L'organisation cadre pourra avoir besoin d'équipes d'inspection volantes ayant pour mission de superviser le travail des filiales et des organismes périphériques, de s'assurer qu'ils se plient aux normes définies pas le Système. Mais il ne s'agira pas exclusivement de normes techniques. Il y aura aussi des réglementations antipollution ainsi que des directives touchant à l'incidence sociale des opérations au plan local. Les informations recueillies par ces équipes seront répercutées sur les sociétés d'exécution indépendantes ponctuelles et les organisations périphériques auxquelles seront indiqués les écarts par rapport aux normes qui auront été observés. Ainsi pourra s'ébaucher un certain degré d'autonomie entre la fonction de contrôle et les fonctions d'exécution. Cette autonomie des organes de surveillance rendra difficile la dissimulation des erreurs et les obstacles qui pourraient se présenter seraient dès lors susceptibles d'être traités plus tôt qu'il n'en va aujourd'hui.

Se limiter à informer les compagnies exécutives et les organisations périphériques de leur niveau de rendement technique et social serait, en soi, insuffisant, cela va sans dire. Cette action présuppose un faisceau de relations entre elles et l'organisation cadre, relations qui, dans l'hypothèse du non-respect systématique des obligations qu'impose le cahier des charges, entraîneraient l'intervention du centre. En d'autres termes, si carence il y a de la part d'une compagnie associée ou concessionnaire, l'organisation cadre sera habilitée à faire usage des « pouvoirs d'urgence » dont elle sera dotée, à prendre les choses en main et à se substituer à l'organisme défaillant tant que durera l' « état d'urgence ». Le recours à cette solution ne se fera, toutefois, que lorsque certaines conditions clairement spécifiées par avance seront réunies, et le simple fait que l'organisation détiendra ces pouvoirs d'intervention aura une valeur d'émulation considérable pour les unités indépendantes et les organismes périphériques.

Le corps des inspecteurs chargés du contrôle qualitatif testera continuellement le Système en se plaçant dans la perspective du consommateur, c'est-à-dire en téléphonant, en expédiant et recueillant des questionnaires rédigés de façon à vérifier en permanence l'efficacité des services offerts à l'usager. Ce travail ne devra cependant pas être limité aux seules fonctions techniques mais s'étendre à toute l'activité du Système : commandes de nouveaux équipements, modifications d'installations — bref, faire en sorte que celui-ci soit en mesure de répondre aux exigences les plus variées de l'abonné. Ce contrôle en continu alimentera le Système en informations plus vite que si la firme devait compter uniquement sur les réclamations des usagers ou les mises en demeure de l'administration. Pour cette raison, la branche contrôle de la qualité devient un élément essentiel du feedback requis pour améliorer l'efficacité des plans prévisionnels établis par la compagnie.

LE PERSONNEL

Tout effort sérieux en vue de convertir A.T.T., entreprise industrialiste, en entreprise super-industrialiste exigera, par ailleurs, que le 195 joue un rôle majeur dans le développement et le déploiement du capital humain, et cela à l'échelle de la constellation tout entière, pas seulement de la Bell. L'assistance directe de l'organisation cadre s'avérera sans doute nécessaire pour qu'adjudicataires, concessionnaires et autres soient hautement performants. En conséquence, l'une des fonctions cardinales du 195 consistera à prévoir les futurs besoins en hommes et les futurs profils des emplois.

En outre, si les dirigeants de la génération de Vail étaient en mesure de motiver efficacement la main-d'œuvre par le truchement de stimulants économiques relativement simples et uniformes, on voit maintenant se faire jour des motivations autrement plus complexes. Une fois passé le stade primordial de la subsistance, les travailleurs aspirent de plus en plus à s'épanouir au plan psychologique ; il leur faut s'accomplir, relever des défis, avoir une activité variée et le sentiment que ce qu'ils font est moralement et socialement utile. C'est la raison pour laquelle l'emploi sera toujours davantage en harmonie avec l'individu. L'expérience lancée par la Bell en matière d'extension de la notion de poste de travail est un pas en avant dans la bonne direction. Le taux extrêmement élevé de l'absentéisme pourra pareillement être contré par ce que les entreprises allemandes novatrices d'aujourd'hui appellent la *Gleitzeit,* l' « horaire à la carte », qui offre aux gens la possibilité de choisir eux-mêmes leurs créneaux de travail [1].

L'organisation cadre pourra apporter son concours aux compagnies opératrices et aux unités périphériques membres de la constellation en élaborant, en suivant et en faisant connaître des

1. La désynchronisation (la synchronisation beaucoup plus étroite des machines parallèlement à une moindre synchronisation des hommes) sera l'une des caractéristiques du super-industrialisme. Aujourd'hui, en Allemagne de l'Ouest, plus de 2000 entreprises ont adopté le principe de la *Gleitzeit.* La journée de travail est répartie en un temps de présence intangible et un temps flexible. Pendant le premier, tout le monde accomplit la tâche qui lui est impartie. Pendant le second, le travailleur vient ou ne vient pas, à son gré. Il a aussi la possibilité de déterminer son nombre total d'heures de travail mensuel, le crédit horaire pouvant être reporté d'un mois sur l'autre. La complexité de ce système est compensée par une ardeur au travail accrue et une diminution de l'absentéisme, encore que des études plus approfondies de ce phénomène soient sans aucun doute nécessaires. (*N.d.A*)

initiatives de ce genre et en favorisant activement une refonte des rapports humains reposant avant tout sur des systèmes d'incitation à motivations plus complexes que la rémunération d'ordre simplement économique.

Pourtant, si épineux que se révéleront sans doute ces problèmes, celui de la formation et du recyclage s'avérera peut-être le plus délicat pour la constellation. Et c'est là que les compagnies exécutives, les concessionnaires, les sous-traitants et autres organisations auront le plus besoin de l'assistance de l'organisation cadre.

La formation d'un individu afin qu'il joue un rôle utile pour la Bell (ou toute autre firme) exige trois niveaux d'éducation.

Le premier se limite à l'*apprentissage* de la tâche, l'intéressé apprenant les uns après les autres les différents gestes qu'elle requiert. C'est là la partie la plus élémentaire de la formation éducative, celle dont les entreprises sont en général prêtes à assumer la responsabilité.

Le second niveau est celui de l'*éducation conventionnelle :* l'acquisition des rudiments du savoir — lire, écrire et compter — accompagnant celle des qualités intellectuelles requises pour le poste à pourvoir. Les entreprises comptent traditionnellement sur l'école et le lycée pour pourvoir à cette forme d'éducation.

Le troisième niveau est celui de l'*éducation culturelle* grâce à laquelle l'individu apprend toute sorte de choses, des choses qu'il lui faut savoir simplement pour occuper la place qui lui revient dans la culture où il baigne. On considère, en principe, que cette forme d'éducation est un acquis qui va de soi. Il est admis comme un fait établi qu'un travailleur ou un candidat à un emploi connaît la topographie de son lieu de domicile, qu'il sait ce qu'est l'argent, qu'il se rattache à un fonds collectif d'attitudes mentales en ce qui concerne son être, la notion de travail et de famille, qu'il sait lire l'heure et que l'idée de ponctualité lui est familière. Autrefois, les entreprises partaient du postulat que tout un chacun était culturellement préparé en vertu du simple fait qu'il était une partie du tout culturel. En outre, il était communément admis que l'éducation culturelle était dispensée, non par l'école, l'université ou l'entreprise, mais par la société même.

Il est à prévoir que, dans la décennie qui s'ouvre, la Bell se verra contrainte de prendre en charge un grand nombre des fonctions pédagogiques jusqu'à présent assumées par les établissements scolaires, voire quelques-unes qui étaient antérieurement du ressort de la société même. Il serait naïf de penser que le problème de la formation du travailleur pourra être remis entre les mains des éducateurs et de la société — pas avant bien des années, en tout cas.

Les établissements d'enseignement, eux-mêmes en proie aux remous de la révolution super-industrialiste, sont dans un profond désarroi. Leurs responsables ne savent plus où donner de la tête, impuissants qu'ils sont à déterminer les objectifs et les formes d'organisation de l'avenir. Il est peu probable que, dans les dix ans à venir, ils parviendront à y voir suffisamment clair pour être en mesure de fournir à la Bell System — et encore moins à la constellation dont celle-ci ne sera qu'une composante — une main-d'œuvre sur laquelle on puisse faire fond. Les écoles ont de plus en plus de difficultés à inculquer à leurs élèves ne serait-ce que l'A.B.C. de l'enseignement — lire, écrire et compter. En fait, et pour la bonne raison que les structures professionnelles se différencient et se modifient plus vite que les structures pédagogiques, il est hautement probable que le fossé entre les besoins de la Bell System d'une part, les hommes et les femmes formés par le système éducatif de l'autre ne fera que s'élargir.

Pour ce qui est de l'éducation conventionnelle, l'organisation cadre pourrait apporter une aide aux entreprises satellites de la constellation en mettant au point des moyens efficaces afin de pallier les carences du système d'enseignement officiel. Mais ce sera là bien peu de chose comparé aux problèmes que pose l'éducation culturelle. La Bell ne peut plus s'en tenir à l'axiome qu'un employé ou un candidat à l'embauche est socialement intégré puisque *la* culture dominante est précisément l'objet d'un processus de fragmentation, de parcellisation. La question est de savoir de quelle *sous-culture* est issu l'intéressé et ce que cette sous-culture lui a enseigné — connaissances culturelles, valeurs, langage, etc. Dans la mesure où la Bell System est travaillée par un mouvement de déstandardisation en profondeur qui ne touche pas seulement le savoir-faire professionnel mais aussi des styles de vie et des formes d'expression subculturelles, ce n'est pas s'avancer beaucoup que de dire que les différences ethniques, sexuelles, religieuses — pour ne citer que celles-là — ne feront que s'amplifier parmi son personnel dans les prochaines années. Ce qui signifie, en d'autres termes, que les problèmes de communication interculturelle, au sein de la société mère comme au sein de la constellation, se feront toujours plus épineux.

C'est à ce niveau que l'organisation cadre aura un rôle capital à jouer. Les écoles publiques, lycées et universités, savent bien peu de chose — peut-être encore moins que la Bell System — en matière d'éducation culturelle. Pour parvenir à un résultat, même modeste, en ce domaine, il faudra faire appel à des techniques qui n'existent pas encore et repenser toute la théorie de l'apprentissage. Si la Bell se contente d'attendre passivement une percée en ce sens des centres de recherches et d'études sur l'éducation, elle risque fort de se retrouver progressivement paralysée, faute d'un personnel convenablement formé, même pour les postes les plus simples.

De même que les Bell Labs ont dû faire œuvre d'avant-garde en matière de technologie *hard* pour fournir à la Bell les outils dont elle avait besoin, il reviendra à l'organisation cadre de développer des outils de formation nouveaux au bénéfice du système. Le niveau d'aptitude est trop faible et le rythme du progrès trop lent, à l'extérieur, pour qu'il soit possible de compter sur autrui pour résoudre ces problèmes en temps voulu.

Il faudra, pour ces raisons, que l'organisation cadre fasse des investissements considérables en ce qui concerne la recherche et l'expérimentation dans les domaines de la théorie de l'apprentissage, de la communication interculturelle et de la méthodologie pédagogique. (Comme beaucoup d'entreprises se heurtent aux mêmes difficultés, la Bell pourra travailler la main dans la main avec d'autres firmes, peut-être même également avec l'Etat, pour organiser cet effort.)

On peut esquisser ce que pourra être d'ici dix ans le système d'apprentissage intégré de la Bell Communications Constellation : une « université de la communication » fortement décentralisée, ouverte non seulement aux employés de la Bell et des autres compagnies appartenant à la constellation mais aussi à des gens provenant de firmes extérieures dont ils suivront les cours moyennant un droit d'inscription. Cette université utiliserait efficacement la télévision et le vidéophone, les téléséminaires, l'ordinateur et autres outils technologiques sans négliger pour autant l'enseignement magistral, le jeu, les exercices de simulation, etc. Elle pourrait assurer par contrat ou sur la base de vacations certaines classes dans les écoles d'enseignement supérieur et les L.E.P.

Comme il y a toutes les chances pour que le changement ne fasse que s'accélérer au sein de la Bell aussi bien qu'au sein de la société même, il est probable que le désarroi et les dislocations dus à ce changement au niveau de l'individu s'aggraveront. Les conséquences de cette tension ne seront pas seulement l'angoisse personnelle : elles se traduiront aussi par une baisse de la qualité du travail. Peut-être la nécessité se fera-t-elle alors sentir de créer des groupes de situation, des cellules de crise, des points relais et autres palliatifs afin d'aider le personnel à passer les moments critiques et générateurs de stress — promotions, réaffectations, changements de lieu de résidence, mises à la retraite, naissances, décès, ruptures de la vie familiale — quand ces modifications de l'existence ont des répercussions sur le rendement. De tels services vont bien au-delà des conceptions actuelles de la « psychologie industrialiste » en ce sens que leur objectif n'est pas de peaufiner un travailleur passif et productif mais des individus capables d'affronter des changements fréquents, tant dans leur existence professionnelle que dans leur vie privée. Il y a, là encore, un territoire vierge à défricher. Nous avons affaire, en l'occurrence, à des paramètres que personne ne sait encore correctement manier, et il se pourrait fort bien qu'en ouvrant la voie pour défendre ses propres intérêts, la Bell fera un travail qui, finalement, se révélera utile à d'autres entreprises.

L'ENVIRONNEMENT

Comme toutes les entreprises, A.T.T. dépend du bon fonctionnement de tout un réseau d'institutions sociales, allant des services de police et d'hygiène aux paroisses, aux associations et aux établissements d'enseignement. Les turbulences engendrées par la révolution super-industrialiste se soldant par la désorganisation de ces institutions, il se révélera peut-être nécessaire pour la firme, soit d'endosser pour son propre compte certaines des fonctions qui sont les leurs, soit d'apporter auxdites institutions un appui sélectif afin qu'elles soient en mesure de les assumer par elles-mêmes.

Je ne veux pas dire par là qu'une entreprise quelle qu'elle soit pourrait ou devrait se substituer aux services publics, ni revenir à un paternalisme qui a fait son temps, mais seulement que la Bell ne peut plus, désormais, compter comme si la chose allait de soi sur les soutiens implicites dont elle bénéficiait naguère. L'école est la parfaite illustration de ce propos. Comme on l'a vu plus haut, si la Bell veut disposer de la pépinière de main-d'œuvre dont elle a besoin, elle sera contrainte de pallier les carences du système scolaire en mettant en œuvre des moyens de formation complémentaires. Dans le même temps, les autres composantes de la constellation devront, de leur côté, aider les écoles locales à résoudre leurs difficultés.

Le manque de crèches, certaines questions de transport, les problèmes de sécurité du personnel féminin, etc., ont leur origine dans les défaillances des services publics et la Bell envisage d'ores et déjà de se substituer à eux dans ces différents domaines.

Cette tendance se fera plus prononcée et il appartiendra à l'organisation cadre — ce sera l'une de ses fonctions majeures — de prêter assistance aux composantes périphériques de la constellation pour élaborer des programmes complémentaires et/ou apporter leur concours aux institutions locales. Dans quelles conditions celles-ci apporteront leur concours à celles-là ? Quelle forme cette assistance devra-t-elle prendre ? Quels types de programmes complémentaires le Système pourra-t-il (devra-t-il) fournir aux institutions locales ?

Ces questions se poseront avec toujours davantage d'acuité dans les prochaines années, les compagnies se trouvant devant la nécessité d'assurer la viabilité d'un environnement qui leur permette de poursuivre leurs activités.

La Bell sera simultanément placée devant l'obligation d'inventorier les répercussions de son action sur le milieu. Une firme de la taille d'A.T.T., pour ne pas parler de toute une constellation d'organisations et de sociétés, a forcément un effet de ressac sur l'environnement et l'on peut s'attendre que, au cours de la prochaine décennie, les grandes entreprises, privées et publiques, seront de plus en plus impérativement tenues pour responsables des conséquences de leur comportement.

Celles-ci sont, en gros, de deux ordres : les conséquences des actions économiques et socio-culturelles de la corporation et les conséquences de son action technologique. La compagnie sera tenue pour responsable des unes et des autres, tout comme des retombées secondaires et tertiaires aujourd'hui grandement sous-estimées.

Durant des années et des années, A.T.T. s'est targuée de ses efforts pour se conduire en « bon citoyen ». Or, la notion de civisme déborde aujourd'hui largement du cadre de sa signification traditionnelle, tout le monde, les pouvoirs publics comme les personnes privées, prenant conscience de l'unicité organique de l'ordre social et de l'environnement physique. Pour être considérée comme un « bon citoyen », A.T.T. devra manifester concrètement un sens plus aigu de ses responsabilités.

On peut escompter que ses initiatives de nature *économique* — construire ou ne pas construire, transférer ailleurs ses installations, embaucher ou licencier un important contingent de personnes, etc. — seront scrutées à la loupe et débattues sur la place publique. Ses actions d'ordre socio-culturel seront, de même, passées au crible. Les mesures prises ont-elles un caractère discriminatoire ? Les Noirs, les « Chicanos[1] », les juifs, les femmes sont-ils l'objet de quotas préférentiels ? Les membres du personnel appartenant à des groupes minoritaires ont-ils les mêmes possibilités de promotion, les mêmes chances de parvenir au sommet de la hiérarchie ? La firme a-t-elle une politique de l'emploi particulière en ce qui concerne les homosexuels ? Est-il plus difficile aux célibataires et aux femmes de faire carrière ? La société embauche-t-elle les objecteurs de conscience qui refusent d'accomplir leur service militaire ? A-t-elle des exigences inacceptables en matière d'habillement et de coiffure ? Comment protège-t-elle la vie privée de ses employés ? Coopère-t-elle de bonne grâce avec les autorités pour mettre en place les écoutes téléphoniques ?

Telles sont quelques-unes des questions qui sont aujourd'hui posées mais on peut présager qu'il en surgira beaucoup d'autres demain.

Les changements rapides affectant la société imposeront l'utilisation de nouveaux critères. L'une des fonctions importantes qui incomberont à l'organisation cadre sera de déterminer à l'avance les modifications des critères du civisme et de créer des dispositifs internes destinés à veiller à ce que la conduite de la firme soit conforme à ceux-ci. Nous verrons dans le prochain paragraphe traitant de la réglementation en quoi la capacité du Système à maîtriser son impact socio-culturel sera de plus en plus cruciale pour justifier ses demandes de révision en hausse des tarifs.

Il est quasiment certain que cette maîtrise des impacts technologiques deviendra un impératif de plus en plus catégorique. Nous allons voir d'ici dix ans se durcir dans l'opinion l'exigence d'une réglementation des technologies nouvelles pour prévenir les détériorations évitables de l'environnement. Et, inéluctablement, ces revendications engloberont la préservation de la « qualité de vie » socio-culturelle.

On peut tenir pour assuré que le gouvernement fédéral créera dans les dix ans à venir de nouvelles agences chargées de la

1. Emigrés d'origine mexicaine. (*N.d.T.*)

surveillance des nuisances technologiques. D'autres seront selon toute vraisemblance instituées parallèlement aux plans local et régional. La nature exacte de ces organismes, le soin avec lequel ils seront constitués et les pouvoirs qui leur seront attribués seront inversement proportionnels aux initiatives prises par l'industrie privée.

A l'exemple de Theodore Vail qui, dès les premiers vagissements de la Bell System, avait reconnu le bien-fondé d'une réglementation fédérale des communications, la firme devra, et ce sera important pour son image, apparaître très tôt comme favorable au contrôle et aux études d'impact des innovations technologiques. Elle devra en même temps faire la preuve qu'elle met ses formidables ressources au service de l'élaboration de méthodes efficaces pour réaliser de telles études.

Certains hommes de science et certains ingénieurs émettent de graves réserves quant aux études d'impact prévisionnelles. Les uns allèguent qu'elles risquent de freiner les progrès techniques. D'autres soutiennent que l'on ne peut évaluer les conséquences secondaires d'une technologie nouvelle tant qu'elle n'est pas effectivement mise en service. D'autres encore affirment que de telles évaluations préalables sont tout bonnement impossibles à réaliser en toutes circonstances.

Les contradicteurs sont de bonne foi — mais leurs arguments portent à faux. Il y a, il y a toujours eu des études d'impact. C'est ailleurs que gît le lièvre. Ce qui est en cause, ce sont l'insuffisance des procédures et le simplisme des critères. Le progrès technologique pur et non contraignant, cela n'existe pas. Toute société détermine par le jeu de ses institutions économiques et politiques quelles sont les innovations technologiques qu'il conviendrait de mettre en œuvre, de développer et de propager, et celles qui, au contraire, doivent être étouffées ou abandonnées. Ce qui est nécessaire aujourd'hui est un perfectionnement radical de ce mécanisme.

Par ailleurs, alors qu'il n'est pas possible de pronostiquer toutes les conséquences que pourra avoir la mise en service d'un S.S.T. ou la divergence d'un réacteur nucléaire à enrichissement, l'argument selon lequel l'innovation doit être utilisée en grandeur vraie avant que puisse être mesuré son impact risque d'être trompeur. On en déduit, en effet, que la simulation, les modèles, l'analogie et autres procédures d'investigation ne peuvent rien nous apprendre, ce qui n'est évidemment pas sérieux parce qu'en poussant le raisonnement jusqu'au bout, on en arriverait à la conclusion qu'il faudrait lâcher des bombes à hydrogène pour savoir à quoi s'en tenir sur leurs performances.

La troisième objection est, elle, irréfutable : une étude d'impact systématique est extrêmement difficile à réaliser, et il est compréhensible que les physiciens, accoutumés à la rigueur de l'analyse et à l'expérimentation, soient sceptiques quant à la possibilité théorique d'effectuer des études préalables ultra-précises, en particulier lorsque l'on fait entrer en ligne de compte les critères liés à la notion de la « qualité de vie ». On est en droit de penser, en vérité, que les sciences humaines, qui ont leur mot à dire dans toute étude d'impact préalable complète, n'atteindront sans doute jamais le degré d'exactitude qui est le propre de la physique.

Cela dit, les conséquences potentielles, aussi bien positives que négatives, de certaines technologies sont si formidables qu'il n'est plus acceptable de définir une saine orientation technologique nationale, ni même locale, si l'on n'apporte pas un perfectionnement radical aux procédures d'appréciation actuellement en vigueur. S'y opposer est une forme de « je-ne-veux-pas-le-savoir » intellectuel qui sape les principes de base sur quoi se fonde la science elle-même.

En outre, nous devons dès à présent envisager sérieusement la possibilité de catastrophes technologiques — la fusion du cœur d'un réacteur nucléaire, l'apparition à l'état de traces d'un agent biologique contaminant en provenance de l'espace, une pollution meurtrière — suffisamment désastreuses pour susciter dans l'opinion une massive et violente hostilité à l'égard de la science et des firmes ayant pour champ d'activité l'exploitation des technologies de pointe.

Si la communauté technologique et la communauté industrielle n'adoptent pas une attitude responsable à l'endroit de l'innovation technique, il se pourrait que nous ayons à faire face à un mouvement d'opposition de type luddite[1] beaucoup plus virulent que celui que nous connaissons déjà aujourd'hui. L'importance même de la contribution des Bell Laboratories au savoir-faire scientifique et technologique pourrait, si certaines conditions

1. Les « luddites » étaient les tisserands qui, en 1811, saccagèrent les métiers et brûlèrent les ateliers de Nottingham, mouvement de révolte contre la mécanisation comparable à celui des canuts de Lyon. (*N.d.T.*)

étaient réunies, être extrêmement dommageable à la bonne renommée de la Bell.

Parce qu'elle a pour vocation première d'être créatrice de technologies nouvelles, la firme a l'obligation morale vis-à-vis du public — et l'obligation économique vis-à-vis de ses actionnaires — de couper l'herbe sous le pied de ses détracteurs en se faisant le champion de ce qui pourrait être qualifié de « technologie responsable ». Cela signifie que la Bell devrait soutenir activement les partisans des études d'impact technologique préalables.

S'il s'avère, comme il est vraisemblable, que, dans un avenir proche, naîtront des agences gouvernementales ayant mission d'évaluer les risques technologiques et dont certaines auront le pouvoir d'opposer leur veto à telles ou telles technologies nouvelles, la sagesse commande à la Bell de prendre les devants. En participant à la course au perfectionnement des procédures et à la mise en place de ces futurs organismes, elle conquerra le droit d'être partie prenante à leur élaboration.

Comment sous-estimer l'importance de cette question ? A mon sens, elle deviendra de plus en plus un enjeu politique — l'échec du S.S.T. n'est que la première escarmouche dans une guerre qui décidera de l'avenir de la technologie, laquelle est vouée à devenir l'une des clés de voûte du débat politique. L'idée luddite selon laquelle toute technologie est mauvaise, est naïve et dangereuse, mais prétendre que toute avancée technologique est un progrès l'est tout autant. Défendre résolument la notion de *technologie responsable se développant de façon responsable :* voilà la ligne qui s'impose. Ce sera l'une des pierres de touche de la réputation de la Bell — pour ne pas parler de son succès économique — dans l'avenir.

Pour ces raisons, l'une des tâches essentielles de l'organisation cadre sera de contrôler avec les meilleurs outils possible les répercussions de la technologie présente d'A.T.T. et de prévoir de son mieux les conséquences des technologies de la communication de demain.

Pleinement avertie des difficultés et des limites des actuelles procédures en usage, la Bell devrait commencer sans plus tarder à se livrer à une étude systématique des retombées potentielles, tant physiques que sociales, d'innovations telles que le vidéotexte, le câble, le laser et même les centraux électroniques. Elle devrait être prête à rendre publics les résultats de ces travaux tout comme les réserves qu'elle pourrait émettre en ce qui concerne les procédures employées. En adoptant dès maintenant cette politique sans attendre d'y être contrainte, la Bell y gagnerait considérablement en crédibilité.

LA RÉGLEMENTATION

Une autre des fonctions de l'organisation cadre qui devra probablement subir des transformations drastiques et assumer une importance accrue est celle qui a trait à la réglementation. Le passage de la Bell de l'étape industrialiste à la phase super-industrialiste ne se fera pas aisément sans une attitude compréhensive et un certain degré de coopération de la part des agences réglementaires. Ces dernières connaîtront, elles aussi, une période de transition délicate au cours des dix prochaines années.

Les trois changements majeurs qui interviendront au niveau réglementaire sont les suivants :

1. L'élaboration d'une politique nationale de la télécommunication ;
2. L'élaboration de critères non économiques absolument nouveaux d'évaluation du coût des services et d'établissement des tarifs ;
3. La création d'agences réglementaires aux échelons subnationaux.

Chacun de ces changements implique des modifications de l'organisation cadre.

Jusqu'à présent, la Bell a fonctionné, pour l'essentiel, en l'absence de toute politique nationale des télécommunications globale et bien définie. Les orientations devaient être prises à partir d'éléments disparates : déclarations présidentielles, interventions à la tribune du Congrès, arrêts des tribunaux, directives de la commission fédérale des Communications (F.C.C.) et des commissions réglementaires régionales. « Il n'existe pas, à ma connaissance, d'endroit où trouver un projet conceptuel », me disait récemment un dirigeant d'A.T.T.

Il est vraisemblable que, dans les toutes prochaines années, un travail de normalisation va s'effectuer, accompagné de tentatives de formulation d'une politique de grande envergure. En raison de son influence, de son passé et de la situation centrale qui est la sienne, la Bell System sera particulièrement bien placée pour apporter sa contribution à l'élaboration de ce projet conceptuel nouveau. En outre, plus elle s'enracinera profondément dans la vie même des collectivités locales grâce à des mécanismes comme l'octroi de concessions ou de commissions, plus elle sera en position de force pour être le porte-parole de la diversification et réclamer la dévolution des responsabilités à des groupes d'intérêts locaux ou spécialisés.

En fait, la Bell pourrait très bien prendre l'initiative de recommander la constitution d'un conseil national des communications où siégeraient des représentants, non seulement de la F.C.C., de l'O.T.P., etc., mais aussi d'administrations parentes telles que les Postes et le ministère des Transports, et, à des niveaux différents, d'associations, de municipalités urbaines, semi-urbaines et rurales, de groupements de défense des consommateurs, etc.

Un organisme de ce genre commencerait par examiner le problème de la politique de la communication d'une façon plus large et en termes plus fondamentaux que ce n'est habituellement le cas en tenant compte des rapports entre les moyens de communications et l'équilibre ville-campagne, du développement industriel régional, des réalités sociales et éducatives, etc. Il est probable que ces questions, déjà explicitement et publiquement débattues au Japon et au Canada, par exemple, seront à leur tour posées sur le tapis aux Etats-Unis dans les prochaines années et ce travail de clarification aura une influence sur la politique nationale en matière de communications. D'autres, comme les choix en matière d'investissements (est-il plus rentable d'investir dans les communications que dans les transports ? entre une automatisation plus poussée des services postaux et un développement plus rapide du visophone ?) se poseront pareillement, elles aussi, en termes d'options politiques. Le débat sur les utilisations futures de la télévision par câble sera encore plus vif qu'il n'en va aujourd'hui.

Cet organisme national pourrait contribuer, sinon à déterminer concrètement la politique à appliquer, du moins à cerner ces problèmes de manière plus fine. L'une de ses missions serait, notamment, de proposer de nouveaux critères de mesure de l'efficacité du système de communications des U.S.A. à l'échelle nationale.

En toute hypothèse, que soit ou non créée une agence de ce type, la F.C.C. a de fortes chances de cesser peu à peu d'agir comme promoteur pour devenir l'agent d'exécution de la politique des communications. (Plus précisément, au lieu de mener son action en raison du vide politique existant, elle agira dans le cadre élargi que nous venons d'évoquer.) Les efforts de persuasion ou de dissuasion déployés par la F.C.C. traduiront des préoccupations transcendant celles qui ont cours à l'heure qu'il est.

C'est ainsi qu'aujourd'hui le plafond des bénéfices autorisé est, en théorie, tout du moins, déterminé par le tarif de base, c'est-à-dire un concept économique faisant entrer en ligne de compte les dépenses de fonctionnement, les taxes, la dépréciation et la valeur estimée des équipements et du matériel. Ces critères suscitent un mécontentement grandissant chez les responsables des agences réglementaires et l'un des dirigeants d'A.T.T. me disait qu' « il pourrait fort bien y avoir un tournant capital dans la philosophie de la réglementation (...). Le système de réglementation en vigueur aujourd'hui est archaïque (...). (On constate) un infléchissement de la doctrine réglementaire sur la base de la *production,* la qualité de ce que l'on produit en fonction de la rapidité avec laquelle on offre des installations technologiques nouvelles à l'usager, le degré d'innovation en matière de gestion, la réduction des dépenses, etc. (...). Ce mouvement est mis en branle et par ceux qui sont assujettis à la réglementation et par ceux qui la font ».

Mais les choses ne s'arrêtent pas là : les critères non économiques sont en train de revêtir une importance croissante. Ainsi, John D. Rockefeller III dit qu'une « meilleure comptabilité sociale est indispensable pour que la corporation elle-même soit, tout comme le public, en mesure d'apprécier la contribution qu'elle apporte (à la société)... ». Reprenant le même thème, Gabriel Hauge, président du Manufacturers Hanover Trust, déclare que la profession doit « élargir son système de comptabilité en y incluant les coûts sociaux et économiques globaux de la production et de la croissance ».

Ces appréciations, auxquelles font chorus d'innombrables industriels, reflètent un glissement dans la conception des fonctions de base de la grande corporation, glissement qui se traduit, dans la pratique, par des efforts visant à élaborer de nouveaux « indicateurs » de sa responsabilité sociale. On est en droit de penser que ces efforts seront poursuivis dans les années à venir et finiront par retentir sur les procédures réglementaires de telle sorte que les directives prendront en compte les facteurs sociaux, écologiques et autres.

Il n'est pas inconcevable que la F.C.C. en vienne à autoriser sous certaines conditions A.T.T. à élever le plafond de ses profits en échange de ses « réalisations d'intérêt social ». On peut penser que les agences réglementaires exigeront probablement que la Bell System lui soumette ses données chiffrées relatives aux investissements qu'elle aura faits dans la lutte contre la pollution, à ses dons aux institutions humanitaires, à l'appui qu'elle aura accordé aux entrepreneurs appartenant à des groupes minoritaires, aux suites données aux réclamations des usagers, à sa politique de l'emploi et de la promotion féminine, etc. Elle a déjà commencé à étudier le problème de l'embauche de travailleurs appartenant à des groupes minoritaires.

On peut s'attendre à des changements du même ordre au niveau de la réglementation régionale en même temps qu'à une prolifération au plan local d'organismes réglementaires ou d'associations de défense des consommateurs qui demanderont les uns et les autres qu'on leur fournisse la preuve que la Bell n'est pas seulement performante dans le domaine économique mais, aussi, dans le « social ». Il incombera à l'organisation cadre de former aux niveaux local, régional et fédéral une nouvelle génération d'agents ouverts aux critères technologiques et sociaux, qui sauront comment se définit une politique de la communication.

Ces tendances doivent être situées dans la perspective d'un phénomène de beaucoup plus vaste ampleur que j'ai dénommé la révolution super-industrialiste. Elles n'ont rien d'accidentel ou d'idiosyncratique : ce sont des réactions en profondeur engendrées par les dislocations qu'entraînent le changement et la croissance économique accélérés. Toute entreprise qui se restructure pour faire son entrée dans l'âge super-industrialiste doit les prendre en considération. Pour la Bell, cela veut dire des attitudes mentales nouvelles et des problèmes nouveaux à résoudre pour ceux qui assument des fonctions réglementaires.

LA PLANIFICATION

La souplesse avec laquelle la Bell effectuera la transition qui la fera passer du statut d'entreprise industrialiste à celui d'entreprise super-industrialiste dépendra pour une large part du savoir-faire de ses planificateurs. Opérer une mutation à l'échelle envisagée dans le présent rapport nécessite un effort majeur d'investissement dans le secteur de la planification, et l'on ne saurait tenter d'opérer de telles transformations sans de minutieuses études préalables passant en revue toutes les solutions de rechange possibles et leurs conséquences potentielles. Mais, même si la Bell s'en tient à sa mission traditionnelle sans en changer un iota, elle sera obligée, rien que pour demeurer elle-même dans une période de haute incertitude, de développer de façon radicale son secteur planification.

Le travail de planification a toujours comporté des risques élevés mais lorsque le rythme du changement s'emballe et que le taux de novation grandit, il va de soi que les risques s'aggravent encore. La Bell a à son service des programmateurs extrêmement compétents et possède un département de management scientifique étoffé qui pourrait constituer le noyau de la section planification de l'organisation cadre. Les planificateurs d'A.T.T. sont, au moins, les égaux de leurs collègues employés par la plupart des grandes sociétés privées et nationales, et ils n'ont pas ménagé leurs efforts pour dresser l'inventaire des besoins de demain — et des possibilités d'y satisfaire. Ils examinent à la loupe les prévisions démographiques locales, les fluctuations des revenus des personnes physiques, les projets de construction mobilière à usage commercial et/ou résidentiel, les coûts en matière de rémunération du personnel des entreprises, les programmes de dépenses gouvernementaux, les variations saisonnières du secteur des communications téléphoniques pour ne citer que ces quelques facteurs. Le problème, et il se pose dans les mêmes termes à leurs homologues des autres entreprises, est qu'ils ne peuvent plus faire aveuglément confiance à leurs outils de travail.

Pour muscler l'effort de planification, il sera nécessaire de l'associer aux mécanismes de détermination des objectifs à atteindre et de tourner le dos aux dogmes et aux méthodes technocratiques en usage. Au niveau de l'organisation cadre, l'équipe de planification devra être le vecteur du changement pour la constellation dans son ensemble. Elle aura pour rôle de préparer et de former les planificateurs des sociétés d'exécution et des organisations affiliées. Entre-temps, la fonction planificatrice elle-même devra se transformer.

POUR UN SYSTÈME DE PLANIFICATION TOTALEMENT INTÉGRÉ

Quel que puisse être leur niveau de compétence, les planificateurs de la Bell opèrent aujourd'hui dans le vide — un vide consécutif à l'absence, d'une part, d'une politique nationale en matière de communication ; à l'absence, d'autre part d'un feedback centripète adéquat ayant pour source l'usager, la collectivité locale — en un mot comme en cent : le public. Ces deux lacunes doivent être comblées.

La politique nationale. Pour améliorer l'efficacité du système de planification, il importe de commencer par pousser à une meilleure formulation de la politique nationale de la communication. J'ai suggéré plus haut sous la rubrique « Réglementation » que soit créé un conseil national ayant pour mission d'élaborer une orientation politique cohérente en ce domaine, ce qui permettrait à la F.C.C., à A.T.T. et aux autres partenaires présents sur le marché de la communication de se positionner par rapport à des critères conformes aux desiderata du corps social.

La forme exacte qu'assumerait cette institution, sa composition, les instruments d'encouragement ou de dissuasion dont elle disposerait, ses rapports avec la Maison-Blanche et les agences fédérales — tout cela demande réflexion et doit être soigneusement pesé. Installer un tel organisme à la va-vite risquerait seulement de rendre la situation actuelle encore plus insupportable.

Mais, abstraction faite de ces problèmes, les services de la branche communications font une telle ponction sur nos présentes ressources financières et ont de telles répercussions sur la vie de la société que l'on ne peut plus se permettre de s'en remettre aux aléas d'une politique au jour le jour ou définie par omission.

C'est pourquoi je crois hautement probable la création au cours de la prochaine décennie d'un appareil destiné à formuler une politique nationale de la communication. La Bell devrait, me semble-t-il, commencer d'ores et déjà à se préparer à cette éventualité. Ce conseil pourrait fournir à ses planificateurs des données cohérentes sur les besoins et les objectifs nationaux évalués en fonction du système de communications existant.

Planification et participation. Cet appareil aux dimensions nationales devra être complété par des agences spécialisées à créer, qui opéreront de façon centripète. Tout comme il est nécessaire pour la Bell de formuler ses programmes en fonction des objectifs nationaux en matière de communication, les programmes élaborés par les composantes de la Bell System et de la constellation dont elle sera le pôle devront prendre en compte les objectifs locaux.

S'il n'est évidemment pas possible pour la Bell de s'attaquer à la remise en état des mécanismes de fixation des objectifs inadaptés de la nation tout entière, et pas davantage d'organiser elle-même de façon généralisée les agences locales *ad hoc,* elle peut, et doit, néanmoins, assumer la responsabilité de cette tâche dans le secteur limité des communications.

Une chance formidable est à portée de la main, qui ne demande qu'à être saisie. La Bell est en mesure de créer pour elle et pour la nation un modèle de planification de type super-industrialiste — un système conçu pour apporter des données extrêmement fines sur les besoins futurs en matière de communications, les moyens de les satisfaire et indiquer les dangers qui en découlent. Elle peut, ce faisant, s'assurer le soutien massif des collectivités locales pour réaliser ses objectifs propres.

Actuellement, les informations qui parviennent de la périphérie à A.T.T. laissent à désirer. Le feedback qui irrigue la Bell System est gigantesque mais il n'est pas suffisamment sensible aux préoccupations locales et subculturelles de nature non économique ; il n'a pas le caractère prospectif qui conviendrait ; et il n'est pas assez perméable aux objectifs locaux ou sectoriels. Par-dessus le marché, les hommes de la Bell ont à faire face à un environnement social toujours plus tumultueux qui, loin de faciliter les choses, rend plus difficile d'anticiper le changement et de s'y préparer.

L'un des facteurs clés permettant de mesurer la capacité de planification du Système sera l'action du public. Celui-ci, à tous les niveaux et dans tous les domaines, revendique de plus en plus véhémentement le droit de participer à l'élaboration et à la fixation des objectifs. La forme qu'A.T.T. revêtira dans l'avenir ne saurait être — et ne sera pas — définie uniquement entre elle et l'administration par des décisions de justice ou par des négociations avec la F.C.C. et les agences de services publics. Des forces comprenant des associations d'usagers, des groupements religieux, ethniques, sexuels, des groupes d'âge, des formations politiques, voire des organisations implantées hors des frontières, exigeront de plus en plus bruyamment d'avoir leur mot à dire en ce qui concerne les objectifs de la collectivité, y compris ceux qui ont trait aux communications.

Si la Bell considère ce mouvement comme entièrement négatif, s'oppose à lui et se laisse assimiler aux firmes ultra-conservatrices, le choc en retour sera brutal et, échappant pour une part aux filières politiques normales, se manifestera par des actes de vandalisme, et même de sabotage, qui feront boule de neige. La firme, tout comme d'autres grosses entreprises, peut s'attendre à se heurter à une résistance grandissante visant à contrecarrer ses efforts en vue de collecter les informations nécessaires à la planification de la part des consommateurs et d'autres groupes — à moins qu'elle ne soit prête à en « payer » le prix.

Les enquêteurs travaillant pour des études de marché et les sociologues qui opèrent aujourd'hui dans les quartiers noirs sont fréquemment dans l'incapacité de se fier aux réponses qu'ils obtiennent. Souvent, leurs interlocuteurs leur « servent des boniments » en partant du principe que les renseignements ainsi recueillis seront utilisés contre leur communauté ou, dans le meilleur des cas, tiendront pour nuls et non avenus leurs besoins et leurs intérêts. De même, quand l'American Council on Education entreprit une vaste enquête sur le thème de l'agitation estudiantine, les activistes lancèrent une campagne nationale avec discours, tracts et articles de presse à l'appui, appelant les étudiants à refuser de répondre ou à mentir, les résultats de ce sondage étant censés devoir être utilisés contre leurs intérêts.

Il est prévisible que cette résistance ne fera que se durcir. A mon avis, les corporations seront obligées, et toujours davantage, de donner quelque chose en échange de l'information. Il leur faudra prendre des engagements préalables sur la manière dont seront exploitées les données dont elles ont besoin — autrement dit, le prix à payer sera un *partage du pouvoir.* A mesure qu'augmentera le nombre de leurs adhérents, les associations de consommateurs, les organisations ethniques et autres forces sociales appliqueront une « infopolitique » pour faire pression sur les corporations. Faute d'une coopération active et face à la possibilité bien réelle du « sabotage informationnel », la planification au niveau local se révélera de plus en plus difficile à réaliser.

Or, le public et la corporation ont mutuellement besoin l'un de l'autre. Et il existe une façon totalement différente d'analyser la demande de participation que le premier exprime à l'heure actuelle. Au lieu de considérer ces pressions comme une offensive dirigée contre le privilège du management, on peut les apprécier d'une manière positive en admettant qu'elles portent en germe un système de planification plus efficace, absolument nouveau et particulièrement précieux par les possibilités qu'il offre à la Bell

System du fait du double caractère, national et fortement local, de la firme.

Aussi, au lieu d'opposer une fin de non-recevoir à la revendication de participation du public, la Bell devrait prendre l'initiative de s'engager dans la voie d'une forme de « planification participatoire » dans le cadre de laquelle les exigences formulées par les collectivités et les associations de consommateurs seront activement prises en compte, en permanence et jour après jour, par ses programmateurs.

Dans chaque circonscription téléphonique, des mesures seront adoptées pour mettre sur pied un conseil des communications où siégeront des conseillers municipaux, des responsables des associations, des représentants de différents groupes d'usagers et d'autres personnalités officiellement invitées à contribuer à élaborer les systèmes locaux de communications du futur en fonction d'objectifs locaux.

Ce réseau de groupes, constitués les uns sur des bases géographiques, les autres à partir de telles ou telles caractéristiques fonctionnelles ou subculturelles, ne sera pas forcément discipliné et facile à manier. Son existence même aura pour effet de mettre la planification de la Bell sur la place publique où elle sera passée au peigne fin, et cela imposera certaines servitudes à la firme.

Je crois, cependant, qu'en tenant le public à l'écart de la planification locale, le système de communications sera confronté à des contraintes et à des périls autrement plus graves. Et je crois, *vice versa,* que la création, bénéficiant du soutien actif de la Bell, de comités de ce genre, n'apportera pas seulement à la firme de sérieux avantages au plan des relations publiques et au plan politique : elle dotera à long terme, et c'est plus important encore, les programmateurs de la Bell de ce que l'on pourrait qualifier de système d'alerte avancé à l'écoute des fluctuations des besoins en matière de communication. Par ailleurs, ces conseils ouvriront les yeux des dirigeants locaux sur les coûts économiques réels du service du téléphone et sur les problèmes que pose l'exploitation d'un système de communication national.

L'installation d'instances associatives locales s'inscrit dans le droit fil du mouvement en faveur de la décentralisation administrative, de la participation populaire, du partage du revenu et de l'autogestion. Cette tendance est appelée à devenir l'une des premières lignes de force de l'Amérique dans les dix années à venir. La mise en place sur le terrain d'organismes de planification dans le secteur de la communication permettra à la Bell System de mieux s'articuler aux collectivités au sein desquelles elle est présente.

A terme, la constitution de cet appareil, loin de porter atteinte à ses prérogatives, sera une occasion unique pour la firme d'affiner ses études prévisionnelles. Il sera ainsi le contrepoids naturel du conseil national des communications que nous préconisons et il parachèvera la structure nécessaire à un système de planification totalement intégré, l'information parvenant à l'organisation cadre dans les deux sens : de haut en bas et de bas en haut.

Tenter de mettre sur pied d'un seul coup un réseau de planification « participatoire » sur une base nationale ou, même, de doter la Bell System d'un réseau de ce type avant le lancement d'expériences pilotes adéquates limitées au plan local serait une erreur évidente. La tâche de l'organisation cadre devrait, néanmoins, être de mettre au point les tests en grandeur vraie indispensables pour que l'édification d'un tel réseau soit possible. (La notion de planification participatoire sera développée de façon plus approfondie dans l'appendice.)

DES VARIABLES SOCIO-CULTURELLES

La mise en place d'un système de planification totalement intégré est indissociable d'un élargissement de la notion du type d'information requis pour la programmation. Par variables socio-culturelles, j'entends les paramètres qui tiennent compte des changements politiques, des niveaux d'instruction, des différences raciales et religieuses, de la mobilité, des caractéristiques temporelles, des attitudes sexuelles et religieuses ainsi que d'autres facteurs que l'on a coutume de négliger. Leur importance ne cesse de grandir. Pourtant, qu'il s'agisse d'entreprises gouvernementales ou d'entreprises privées, les planificateurs sont traditionnellement à tel point hypnotisés par les variables économiques et démographiques que nous ne disposons pas des données ni des modèles qui tiendraient compte de ces variables socio-culturelles indispensables à tout effort de planification.

Le consumérisme, le développement du militantisme pacifiste, les modifications affectant l'aide sociale, la montée et la nature de la délinquance, la mobilité géographique et professionnelle, et autres facteurs du même ordre, pèsent plus lourdement que jamais sur la demande téléphonique. On peut en dire autant en ce qui concerne, notamment, le développement des transports. Il est possible, par exemple, que, pour ce qui est de la desserte aérienne d'une agglomération, le nombre des vols au départ et à l'arrivée soit un meilleur indicateur de l'utilisation future du réseau téléphonique que les critères d'usage — données démographiques et relatives aux revenus familiaux. Il n'est pas exclu que certaines collectivités puissent entrer dans la catégorie « producteurs d'information » et d'autres être classées comme « consommateurs d'information », ce qui aurait une incidence considérable sur les besoins des usagers. Ces différences pourraient, à leur tour, être rapprochées d'autres variables telles que le niveau d'instruction, la spécificité ethnique et même la fréquentation des musées.

Le lien entre le changement social et la consommation téléphonique est de plus en plus étroit. Ainsi, par exemple, la montée de la toxicomanie a un effet amplificateur sur l'utilisation du téléphone. Si l'usage des stupéfiants fait augmenter la criminalité, il en résultera que les gens feront leurs courses par téléphone, que l'on posera des installations téléphoniques là où il n'y en a pas afin que les citoyens puissent demeurer en contact avec la police, leurs parents, leurs amis les plus proches, etc. L'élévation du taux de la criminalité incite les abonnés à décrocher leur téléphone pendant leur absence pour faire croire à d'éventuels cambrioleurs qu'ils sont chez eux. Le téléphone est de la sorte transformé en arme de dissuasion de la délinquance. *Si les programmateurs ne s'attellent à la collecte de données en rapport avec ces variables tout en élaborant des modèles illustrant la relation entre celles-ci et les communications, il sera de plus en plus difficile de mettre au point des plans prévisionnels utilisables.*

L'organisation cadre aura un rôle de premier plan à jouer pour encourager l'introduction de données et de modèles socio-culturels dans les études de planification de l'ensemble de la constellation, l'invention et l'expérimentation de toute une gamme d'indicateurs intégrant les paramètres économiques, sociaux et culturels.

Mais les recherches théoriques en ce domaine sont insuffisantes : le développement des procédures de planification dépendra, en fait, de l'examen par les programmateurs de la Bell des problèmes concrets tels qu'ils se posent localement. De la sorte, la création de conseils pour les communications à la base que nous proposons aura pour conséquence secondaire d'affiner considérablement l'élaboration planificatrice en fonction des forces culturelles et sociales qui auront selon toute probabilité des répercussions énormes sur le système de communications.

DE NOUVEAUX OUTILS DE PLANIFICATION

D'un bout à l'autre de la constellation, les planificateurs auront besoin d'instruments de travail qui n'existent pas encore. Plus la société américaine se diversifie, plus la prévision concernant les sous-groupes devient malaisée. Il importe de déceler la diversité grandissante du personnel, des produits et services de la Bell, d'en faire l'inventaire et d'imaginer des configurations d'une durée de plus en plus brève. L'accroissement massif des configurations des produits et services possibles fait diminuer la probabilité prospective du ciblage pour un produit, un service, un composant donné.

Par conséquent, il y a tout lieu de penser que même les projections économiques concernant les circonscriptions téléphoniques se révéleront toujours plus erronées. L'élévation du taux de novation entraîne aussi des difficultés au niveau de la planification. La montée de l'innovation affectant le milieu implique que la prévision au plan de l'environnement, aussi bien interne qu'externe, de la firme sera de plus en plus sujette à caution, de plus en plus insaisissable. Les planificateurs doivent faire face à une multiplication d'événements sans précédent, étranges, insolites ou sortant de la routine. Cette instabilité — ces changements de direction incessants — génère des situations nouvelles, inédites et sapent l'efficacité de l'extrapolation en tant que méthode de planification. C'est dans les périodes de relative stabilité que les procédures linéaires sont le plus fiables : elles volent en éclats dans les périodes de turbulence comme celle dans laquelle nous pénétrons aujourd'hui. Il s'ensuit qu'il est nécessaire de développer des méthodes de planification non linéaires d'une fiabilité supérieure.

Parallèlement, en raison de l'accélération de la demande relative aux services proposés par la Bell, de nombreuses études prévisionnelles sont déjà caduques avant même d'avoir été publiées. Ce fait impose une accélération de la prise de décision, d'où un surcroît de la charge de travail des programmateurs, obligés à des évaluations de projets alternatifs toujours plus pressés et plus fréquents. La conséquence la plus importante de cet emballement de la machine est qu'elle exige de plus longs « horizons temps » pour les équipes de planification. Plus le rythme du changement est rapide, plus le temps leur est compté, et cela aussi complique le travail prévisionnel.

Ce n'est pas tout. Cette extension de l'horizon temps les contraint, tout comme le déclin de l'efficacité des méthodes linéaires, à s'appuyer sur des données et des modèles moins précis, plus intuitifs, d'où un déplacement de l'équilibre entre données quantitatives et données qualitatives.

Ce phénomène n'est guère du goût de la plupart des managers, habitués, par leur formation même, à se fier aux données quantifiées et à n'accorder qu'un strict minimum de confiance à tous les autres modes d'information.

Nous ne voulons pas dire par là que les données quantitatives soient à jeter aux orties et que les qualitatives aient la primauté. Quand des données peuvent être quantifiées sans entraîner de pertes substantielles, il est évident qu'elles doivent l'être. Mais les planificateurs peuvent de moins en moins tourner le dos aux données qualitatives, et il sera de plus en plus difficile de quantifier la somme des informations dont on aura besoin.

Nous pouvons résumer *grosso modo* les initiatives nécessaires à une amélioration de la planification dans les termes suivants : création d'un appareil de planification totalement intégré, à la fois centripète et centrifuge ; introduction d'informations et de modèles socio-culturels venant compléter les informations d'ordre économique qui sont notre actuel instrument de base ; enfin, développement de méthodes nouvelles, notamment un déplacement du centre de gravité, le passage de la planification en fonction du groupe à la planification en fonction des sous-groupes, de la projection linéaire à la projection non linéaire et du matériel quantitatif au matériel qualitatif.

LA RECHERCHE DE COMPORTEMENT

Il suffit de jeter un bref coup d'œil sur les fonctions cadre telles que nous les avons énumérées pour se rendre compte qu'elles ne sauraient être menées à bien et avec efficacité en raison d'une lacune — une seule mais capitale : leur accomplissement dépend de données ou de modèles sociaux ou de comportement qui font défaut à la société telle qu'elle est aujourd'hui. Par exemple, nos modèles d'apprentissage pèchent par naïveté. Notre compréhension des incidences de la technologie sur la société est d'une pauvreté insigne. Notre aptitude à prévoir le changement des orientations sociales, politiques et économiques est défectueuse.

Ces points faibles ne sont pas le monopole de la Bell : ils sont partagés par toutes les entreprises comme par les agences gouvernementales. Mais pour que la Bell puisse naviguer dans les eaux tumultueuses du changement au cours de la prochaine décennie, il est impératif que notre connaissance du comportement social fasse de grands progrès.

Pendant l'ère industrialiste, la Bell n'a pas attendu que d'autres forgent les outils technologiques dont elle avait besoin pour réaliser ses objectifs. De même, il serait malavisé que, dans les dix années à venir, elle attende que d'autres forgent les outils qui lui seront nécessaires dans le domaine du comportement pour se transformer en une entreprise de l'âge super-industrialiste.

L'heure a sonné de prendre au sérieux une proposition qui a déjà été suggérée de nombreuses fois au sein de la Bell System. Du fait de la conjoncture, il est urgent, à présent, que la firme crée un laboratoire du comportement, les Bell Behavioral Laboratories, qui sera le pendant des actuels Bell Laboratories.

L'un des postulats clés sur lesquels s'appuie le présent rapport est que la conversion de la Bell System, entreprise de l'ère industrialiste, en entreprise super-industrialiste dépend de sa capacité à anticiper aussi bien les dislocations sociales et culturelles que les dislocations économiques et technologiques à venir — et à apporter une réponse à ces défis. Les responsables de la Bell — et tout particulièrement ceux qui auront charge de l'organisation cadre — auront besoin d'être épaulés par un organisme de recherches sociales.

Cet organisme pourrait avoir une importance cardinale en apportant son assistance aux sociétés d'exécution et autres unités du Système comme à l'organisation cadre, notamment dans des secteurs comme la planification, l'environnement, le personnel et la réglementation.

Une activité étroitement liée à la réussite de la programmation, par exemple, est l'anticipation de la demande. Or, en matière de services téléphoniques, la demande est conditionnée par de multiples considérations, dont, aujourd'hui, les sciences sociales appréhendent et déterminent mal la nature. Citons parmi les facteurs agissants la mobilité, le rythme de la prise de décision, celui des interactions sociales, les rapports inter-générations, la structure et la distribution de la famille, l'influence des médias, etc. Ces facteurs se surajoutent à des variables qui nous sont plus familières : croissance démographique, développement de l'informatique, niveau de l'activité économique, etc.

Dans l'état présent de la recherche en sociologie, il est possible de concevoir des indicateurs de différenciation, de mesurer le rythme du progrès social, d'améliorer les statistiques en matière de mobilité, etc. Or, s'il n'existe apparemment aucune raison théorique qui interdise l'élaboration d'étalons de ce type, personne, à ma connaissance, ne s'est encore attelé à cette tâche. En s'y attachant, non seulement les Bell Behavorial Laboratories pourraient considérablement affiner leurs analyses prospectives mais, aussi, faire des percées d'une portée générale formidable — une action qui pourrait se comparer à l'impact des inventions techniques des B.T.L. pendant l'ère industrielle. Il va sans dire qu'une légère amélioration de la précision dans les études de planification de la demande entraînerait des économies extrêmement importantes du fait d'une meilleure efficacité des investissements et d'un meilleur déploiement de la main-d'œuvre. Une enveloppe relativement modeste accordée à la recherche sociologique pourrait se solder par de coquets bénéfices.

De même, la mise en place d'un réseau systématique d'indicateurs sociaux et « environnementaux » qui s'intégreraient aux indicateurs économiques déjà existant aiderait grandement les planificateurs à mener à bien la si délicate mission qui est la leur. Certes, aucune famille d'indicateurs ne saurait se substituer au nécessaire travail d'interprétation et d'appréciation du management pour ce qui est de répondre aux mutations ou de les anticiper. Mais l'absence de cet appareil oblige l'entreprise à « travailler au pifomètre » dans des secteurs cruciaux semés d'embûches. Concevoir un faisceau d'indicateurs correspondant aux besoins de la constellation Bell sera du ressort des Bell Behavioral Laboratories.

Ces B.B.L. seront pareillement d'un grand secours pour les planificateurs auxquels ils fourniront des modèles sur grande échelle des changements sociaux et politiques à venir, modèles à partir desquels il sera possible d'inférer les situations éventuelles dont les prévisions doivent tenir compte.

Cet organisme pourra, aussi, être un instrument cardinal pour ce qui est du déploiement de la main-d'œuvre. Le recrutement du personnel et la persistance des efforts dépendront de la capacité de la Bell à appréhender la rapide évolution des systèmes de valeurs auxquels sont attachées les diverses catégories dont relèvent ses effectifs en prenant en compte des facteurs tels que la rotation et le degré de sophistication temporaire de ses employés, à offrir à son personnel une « formation culturelle », à lui apprendre à faire face à l'événement. Cela exige des lumières en matière de techniques d'apprentissage qui font défaut à la direction du personnel de la Bell. Là encore, c'est évident, un peu plus d'ouverture d'esprit, même si cela n'a que de modestes répercussions sur le chiffre d'affaires, pourrait rapporter très gros.

En ce qui concerne la réglementation, l'apport de la Bell pourrait être extrêmement précieux. A mesure que les agences réglementaires élargiront la notion de tarif de base pour y inclure, outre des facteurs économiques, des paramètres de nature sociale, les arguments traditionnels invoqués devant la F.C.C., les services de l'Etat et les tribunaux perdront une grande partie de leur force. Les responsables des questions réglementaires auront besoin de données d'un autre type, de nouveaux modèles et d'un nouveau vocabulaire pour plaider leur cause. A l'heure qu'il est, par exemple, deux facteurs sociaux (par opposition aux facteurs avant tout économiques) contribuent à faire grossir les frais d'exploitation de la Bell. L'accélération de la mobilité et de la micromobilité de la population, d'une part, le caractère éphémère des rapports de propriété, d'autre part, ont pour conséquence d'augmenter les dépenses et les besoins en argent frais. Cependant, s'ils sont dans l'incapacité de mesurer et de prévoir de tels phénomènes, il sera difficile aux représentants de la firme de préparer une argumentation permettant de démontrer que ces courants sociaux sont liés à la hausse des coûts.

Les B.B.L. seraient, de même, en mesure, en observant avec attention les courants sociaux qui se manifestent, de prévoir les crises qui, aujourd'hui, arrivant sans crier gare, nous prennent de surprise. Ils pourraient imaginer et réaliser des modèles sociaux et politiques de futurs possibles qui aideraient à anticiper les basculements des critères régulateurs, de l'état d'esprit et des structures opérationnelles.

Pareil instrument de travail, tout en étant orienté sur les problèmes critiques qui assaillent l'organisation cadre, pourrait être mis à la disposition, sur une base essentiellement contractuelle, de toutes les unités de la Bell System et de la constellation. Appuyés sur des équipes pluridisciplinaires soigneusement sélectionnées réunissant des sociologues, des économistes, des psychologues, des anthropologues et des théoriciens des communications ainsi que des mathématiciens, des spécialistes de la conception des modèles et des futurologues, les Bell Behavorial Laboratories se concentreraient à l'instar des Bell Labs sur certains « thèmes permanents ». Si, pour les Bell Labs, ces thèmes sont les centraux téléphoniques, le réseau, etc., ils seront notamment, pour les B.B.L., les besoins des usagers, l'économie, les indicateurs, la formation.

Dans chacun de ces domaines, ils opéreraient sur trois niveaux : la construction d'une théorie, l'élaboration d'outils et, enfin, l'essai et l'évaluation de ces outils. Dans le domaine de la formation, par exemple, l'approfondissement de la théorie de l'apprentissage aboutirait directement à l'élaboration de matériels pédagogiques, de cours et de programmes d'études spécifiques qui seraient expérimentés au sein du Système où ils seraient alors testés et évalués. Dans celui des indicateurs, le travail sur la théorie des indicateurs (à la fois quantitatifs et qualitatifs) déboucherait sur l'application de ceux-ci par une unité de contrôle et leur évaluation serait confiée à un groupe spécialisé dans cette recherche.

De cette manière, les B.B.L. pourraient commencer, je le crois, à mettre au point les outils pratiques dont l'absence rend actuellement quasi impossible à la Bell System de faire efficacement face à son environnement socio-culturel. Il va sans dire que ces outils ont des implications directement économiques et qu'ils devront être correctement intégrés aux dispositifs et aux instruments économiques aujourd'hui utilisés par le Système.

Cependant, il est tout aussi clair que traiter des problèmes de caractère économique dans un vide socio-culturel n'est plus possible. La création dès à présent d'un tel organisme simplifierait énormément la transformation de la Bell en une entreprise de type super-industrialiste. En vérité, à mesure que les dislocations qui marqueront les prochaines décennies gagneront en ampleur, les outils sociaux et de comportement, fruits des recherches des B.B.L., pourraient bien se révéler déterminants pour la survie même du Système.

En résumé : l'objectif temporaire proposé, c'est-à-dire l'abandon d'un certain nombre de fonctions actuellement assumées par la Bell System et la création simultanée d'une constellation de sociétés et d'organisations affiliées, nécessite le renforcement de ce que nous avons appelé les fonctions cadre

Si ces recommandations sont suivies d'effet, il en résultera que la Bell System opérera alors à deux niveaux : un tronc qui sera l'organisation cadre auquel se ramifieront toute une série de composantes modulaires. Celles-ci correspondront par leur configuration aux actuelles sociétés exécutrices, la Western Electric et les Bell Laboratories. Toutefois, chacune d'entre elles analysera ses propres structures pour déterminer celles de ses fonctions que des compagnies ou des organisations extérieures pourraient remplir de manière aussi satisfaisante. Le transfert desdites fonctions à ces compagnies et organisations extérieures serait alors à l'origine d'une Bell Communications Constellation — c'est-à-dire de la Bell System plus les entreprises gravitant autour d'elle.

Pour que les normes de performance élevée soient respectées d'un bout à l'autre du système — pas seulement pour ce qui est des exigences techniques mais, aussi, des impératifs économiques et sociaux —, l'organisation cadre devra être consolidée de façon radicale. Elle portera son assistance aux modules et aux autres composantes de la constellation, en particulier dans les sphères du contrôle de la qualité, du déploiement du personnel, de l'environnement, de la réglementation et de la planification. La création des Bell Behavorial Laboratories apportant, en outre, leur concours à toutes les unités constitutives de la constellation, serait une initiative qui présenterait un intérêt majeur.

Chapitre 12

Épilogue

LE COMMENTAIRE

Il est toujours plus facile de parler du changement que de l'opérer, plus facile de donner des conseils que de gérer. Ce sont là des vérités premières que j'ai essayé de ne pas perdre de vue en rédigeant ce rapport. Si détaillée, si complexe soit notre description de la réalité organisationnelle, elle pèche immanquablement par excès de simplification. Et si clairement soit exposée la stratégie que l'on propose, elle ne pourra jamais être appliquée telle qu'elle a été définie. A moins d'être conçue, diffusée et mise en œuvre en temps vrai, elle sera par la force des choses déjà frappée de caducité avant même qu'on en ait achevé la lecture.

Qui plus est, même les stratégies les meilleures ne tiennent généralement compte que de quelques-unes de leurs propres conséquences. Dans la vie, le décideur doit constamment prendre ces conséquences en compte et, de ce fait, il s'écarte de la ligne d'action limpide qui a été tracée par avance.

Cependant, en dépit de ces objections, une entreprise qui n'a pas de stratégie est comme un avion ballotté par la tempête, giflé par les coups de vent, aspiré par les trous d'air, perdu parmi les cumulus. Si la foudre ou les turbulences ne le désintègrent pas, ce sera simplement la panne de carburant qui l'attend. Sans quelques postulats explicites sur l'avenir à long terme et quelques lignes de force stratégiques en harmonie avec eux, sans une vision de son visage futur, la plus grande et la plus apparemment solide des entreprises est vouée au désastre en période de bouleversements technologiques et économiques révolutionnaires.

Ce sont là quelques-unes des considérations que nous avons gardées présentes à l'esprit durant la préparation de ce document destiné à la Bell System. Et si d'autres peuvent en tirer des leçons, elles découleront de la nécessité à laquelle tout le monde est confronté : inventer un type d'organisation industrielle plus souple, plus sensible et plus flexible — j'ai nommé l'entreprise « adaptative ».

LE RAPPORT

Les difficultés auxquelles se heurte aujourd'hui la Bell System sont intimement liées aux problèmes sociaux de la société dans son ensemble à l'heure où s'amorce le tournant historique qui la fera entrer dans l'ère post-industrielle. Pour la Bell System, c'est là un gigantesque défi : transformer une organisation industrialiste classique en une organisation super-industrialiste exemplaire et qui connaîtra une réussite égale.

Ce n'est qu'en appréhendant les forces sociales de base qui sont en train de métamorphoser la société américaine qu'une corporation, surtout une corporation aussi vaste et d'une importance aussi cardinale que la Bell System, peut espérer s'adapter à la société super-industrialiste en train de naître.

Au cours des dix années écoulées, les diverses activités traditionnelles auxquelles se livrait la Bell System ont été les unes après les autres évacuées, disséminées ou ouvertes à la concurrence. Les décisions en fonction desquelles ces mesures ont été prises, volontairement ou sous la contrainte exercée par la compagnie, l'ont été pour une large part à l'aveuglette et sans référence à l'objectif majeur : faire de la Bell l'entreprise super-industrialiste américaine d'avant-garde.

Ce que nous proposons ici n'est pas quelque chose d'entièrement nouveau — la Bell a d'ores et déjà entrepris sa mutation. Nous suggérons simplement que cette évolution se poursuive mais dans une perspective consciente et cohérente, les yeux fixés sur des objectifs à longue échéance.

Il est évidemment impossible de « prouver » que les orientations que nous esquissons ici sont « justes ». La seule chose que l'on puisse montrer est que, si notre modèle de super-industrialisme est valable, l'entreprise industrialiste de l'ancienne école sera toujours davantage frappée d'obsolescence.

Comment imaginer à quoi aurait ressemblé aujourd'hui la Bell System si, au début de l'âge industriel, elle avait tenté de travailler comme une guilde moyenâgeuse ? De même est-il malaisé de concevoir ce qu'il adviendrait d'elle dans l'avenir si elle essayait d'entrer dans l'âge super-industrialiste en conservant intacte sa structure industrialiste.

Aussi me suis-je efforcé d'ébaucher à grands traits le visage qui pourrait être celui d'une Bell System super-industrialiste. Je ne me fais pas d'illusions sur les difficultés que pose une telle transformation. Il est beaucoup plus simple d'écrire des pages et des pages sur le changement dont doit faire l'objet une entreprise que d'opérer ce changement. Il est toujours plus confortable d'être l'observateur extérieur débordant d'idées générales que l'homme de terrain qui doit trouver le moyen de faire passer ces idées dans la vie.

En même temps, je sais, comme nous le savons tous, que, dans le passé, les difficultés n'ont pas manqué non plus. Les hommes de la génération de Theodore Vail ont dû faire face à de colossaux handicaps et ils ont finalement réussi à créer quelque chose qui n'avait encore jamais existé. C'est précisément le même défi que doivent aujourd'hui relever les dirigeants de la Bell System. De leur imagination, de leur énergie et du courage dont ils feront preuve dans leur volonté de changement dépend l'avenir du système de communications même de l'Amérique.

APPENDICE

Stratégies alternatives pour la participation

A PROPOS DE LA PARTICIPATION

Certains syndicats américains ont récemment obtenu en échange de concessions sur les salaires et divers avantages le droit de participer de façon limitée à la prise de décision, jusque-là considérée comme la prérogative exclusive de la direction. Par ailleurs, beaucoup d'entreprises ont amorcé une expérience de participation du personnel à la base, encore que des décisions cruciales en matière d'investissements ou de lancement de produits nouveaux, par exemple, demeurent le domaine réservé de l'état-major.

Les multinationales américaines ont, de leur côté, senti passer le souffle du boulet de la participation ouvrière telle qu'elle est pratiquée en Europe. En Suède a été créé un fonds d'investissement contrôlé par les syndicats et alimenté par l'impôt. Et, dans la C.E.E., on discute de réglementations nouvelles faisant obligation aux sociétés de fournir aux comités d'entreprise des informations tenues auparavant pour être la propriété de la seule direction — fermeture d'usines, fusions, etc.

Il est vraisemblable, les effets de la « déréglementation » faisant boule de neige, que nombre de compagnies américaines seront également amenées à subir des pressions grandissantes en ce sens, pressions, je pense, venant aussi de bien d'autres sources — des consommateurs, notamment.

Tout le problème de l'élargissement de la participation au niveau de la prise de décision exige, à mon sens, que l'on fasse un plus grand effort d'imagination à ce propos que cela n'a été le cas jusqu'à présent et j'estime que l'intervention du public se justifie sous certaines conditions pour des raisons d'efficacité et d'équité. Aussi, au lieu de qualifier ces pressions de négatives, je proposais dans mon rapport un projet d'un type nouveau visant à rattacher la participation du public au processus de planification.

D'aucuns traiteront sans nul doute cette suggestion d'utopique et d'irréaliste. Mais il faut garder à l'esprit ce fait d'une importance cruciale : A.T.T. était une entreprise privée mais elle était aussi beaucoup plus que cela. Elle était — et elle est toujours — une institution publique dont les décisions en matière d'investissements, de production, etc., ont un retentissement énorme sur tout le pays.

Selon toute probabilité, les pressions en vue de faire participer le public à l'élaboration de la politique de l'entreprise ou d'instituer de nouveaux mécanismes ayant pour but de lui faire assumer ses responsabilités sociales ne feront que s'intensifier au cours des années à venir. Bien que Ralph Nader ait pris sa retraite et même si l'hostilité dirigée contre la corporation, que l'on constate dans ce pays, devait se dissiper du jour au lendemain, ces revendications se feront quand même toujours plus vives.

Les entreprises aussi ostensibles qu'A.T.T. constitueront des cibles privilégiées. On peut imaginer, par exemple, qu'un candidat à la présidence des Etats-Unis en 1972 ou en 1976 utilise politiquement pour sa campagne les difficultés qui assaillent la firme.

Ces pressions ne se limitent d'ailleurs pas aux défaillances de la compagnie au niveau des « services ». Même si tous les téléphones fonctionnaient à la perfection, A.T.T. serait encore sur la sellette : il y aurait les problèmes de la pollution, de l'embauche des minorités, des contrats avec l'armée, etc.

A.T.T. peut ignorer ces attaques.

A.T.T. peut les détourner par des moyens tactiques ressortissant aux relations publiques.

A.T.T. peut opérer des changements radicaux sans étudier préalablement quelles pourraient en être les conséquences.

A.T.T. peut opérer des changements substantiels mais en mettant l'accent sur la nécessité de les tester grâce à des expériences pilotes avant de les généraliser.

Le présent mémoire part du postulat que ces pressions ne sont pas essentiellement le fait des « trublions » contestataires mais qu'elles ont leur source dans les mutations qui travaillent la société dans son ensemble. Aussi, faire mine d'ignorer le problème ou tenter de l'évacuer par des gestes vides de sens ne serait pas seulement une solution vouée d'avance à l'échec : cela aurait un effet de boomerang dont la firme pâtirait et qui la fragiliserait inutilement.

Voir dans la revendication en faveur de la participation une menace mettant en péril les prérogatives de la direction serait commettre une grave erreur.

En fait, des formes de participation intelligemment organisées représentent non pas une menace mais une solution partielle aux problèmes qui, à échéance, mettent en question la survie même de la firme.

La situation présente offre donc à A.T.T. une occasion unique d'affirmer son leadership national au sein des milieux d'affaires, de faire la preuve de sa bonne foi et de son civisme, et, ce qui est le plus important, d'*améliorer considérablement son propre travail de planification et sa capacité à faire face à l'accélération du changement.*

UN SYSTÈME D'ALERTE AVANCÉE

Pour saisir la balle au bond, il importe avant tout de reconnaître ce fait que le changement accéléré est la force « environnementale » majeure que toute entreprise, et A.T.T. en particulier, doit appréhender pour faire face à ce qui l'attend dans les prochaines décennies. Nombre des difficultés auxquelles se heurte A.T.T. tirent leur origine de son insuffisance à anticiper le changement, de sa médiocre aptitude à percevoir les signaux avertisseurs qui précèdent la plupart des grandes mutations affectant l'environnement social. Ce qui lui a fait défaut, à elle comme à presque toutes les autres compagnies, ce sont les mécanismes d'« alerte avancée » que l'accélération du rythme du changement a rendus nécessaires.

Je crois que la « participation du public » est la clé de voûte de tout système d'alerte avancée et que si A.T.T. et d'autres *majors* n'en prennent pas conscience, elles seront soumises dans les années qui viennent à des soubresauts et des convulsions encore plus violents.

Dans une société en proie au changement, la première urgence pour les états-majors est de disposer d'une information considérablement plus fine — et, en particulier, une information anticipatrice — sur l'environnement où baigne l'entreprise. Cette information doit transcender l'économique. Il est impératif pour une compagnie d'être renseignée sur les stress sociaux, les crises potentielles, les mouvements de population, les transformations des structures familiales, les bouleversements politiques, et de l'être assez tôt pour prendre les mesures qui lui permettront de s'adapter à ce paysage nouveau.

En définitive, pour que l'information de ce type parvienne à temps, elle ne peut être fournie que par le public dont les parties prenantes sont, en fait, impliquées dans ces changements. Aussi, pour qu'A.T.T., firme solidement ancrée dans l'industrialisme, soit à même de s'adapter à la société super-industrialiste en cours d'émergence, il est capital de trouver les moyens de connaître non seulement les services spécifiques réclamés par l'usager du téléphone mais aussi les désirs, les valeurs, les projets de collectivités, agences et institutions diverses. Cela passe forcément par la coopération de ces dernières.

Il est d'ores et déjà possible pour A.T.T. de commencer à mettre sur pied un système d'alerte avancée reposant pour une part sur de nouvelles formes de participation du public.

En outre, je crois que cela peut se faire sans qu'on se lance pour autant à l'aveuglette dans des orientations ou des programmes extrêmes.

Dans les pages qui suivent, je passerai en revue un certain nombre de stratégies alternatives de participation du public et suggérerai de quelle façon A.T.T. pourrait se tailler une nouvelle place au soleil.

Stratégie 1: le modèle G.M.

Création au sein du comité de direction d'une commission spéciale ayant pour attribution de promouvoir la « responsabilité sociale de l'entreprise ».

Cette stratégie ne fait qu'entamer davantage le capital de crédibilité, déjà sérieusement écorné, de l'industrie vis-à-vis du public. Si intelligents, intellectuellement honnêtes et ouverts aux réalités sociales que soient les membres d'une commission de ce genre, celle-ci apparaîtra, et il ne saurait en aller autrement, comme un « lifting » aux yeux du profane. Philip Moore, coordinateur du projet « Responsabilité de l'entreprise » de Ralph Nader, s'en est pris à la stratégie de la General Motors, la qualifiant de « replâtrage si l'entreprise se tourne vers ses propres hommes pour déterminer l'impact de ses décisions » sur le public. C'est là une réaction naturelle, compréhensible et inévitable.

Autre faiblesse : créer *ex abrupto* une commission ayant pour finalité de se préoccuper de la responsabilité sociale de l'entreprise revient à admettre tacitement, soit que personne ne s'en était soucié avant, soit que l'on ne considérait pas la chose comme assez importante pour mériter la mise en place d'un organisme *ad hoc.*

Cette stratégie rejette la notion de participation du public. Elle n'aboutit donc pas seulement à exacerber les critiques : elle laisse, de plus, passer l'occasion d'utiliser de manière positive certaines formes de participation.

Par ailleurs, si A.T.T. adoptait le modèle G.M., on aurait le sentiment qu'elle fait du suivisme au lieu d'assumer un rôle de leader.

Recommandation : Pour toutes ces raisons, je déconseille fermement l'adoption de la stratégie 1.

Stratégie 2 : le modèle du chargé du public

Elargissement de l'actuel conseil de direction afin d'y inclure des « représentants du public ».

Cette stratégie satisfait à l'exigence d'extension de la représentation au sein des conseils de direction formulée dans le projet Moore. Il était reproché à la G.M. — avec juste raison, selon moi — d'avoir un conseil de direction trop homogène, exclusivement composé d'hommes, et tous de race blanche. Cette homogénéité —

en termes d'âge, de revenus et d'ethnie — se retrouve dans la plupart des autres conseils de direction.

J'estime que le conseil serait mieux à même de servir les intérêts des actionnaires et du public, et plus utile au management des entreprises, si le pluralisme y était de rigueur. Cela dit, je ne crois pas que l'adjonction symbolique de « représentants du public » serait de nature à régler les problèmes de la responsabilité de l'entreprise et de la participation.

Cette solution aboutit à l'un des deux résultats suivants : ou bien les « représentants du public » sont cooptés et prennent la coloration du comité, de sorte qu'ils deviennent pratiquement inutiles en tant que rénovateurs ; ou bien ils deviennent les porte-parole automatiques de tels ou tels groupes spécifiques dont les intérêts ne coïncident ni avec ceux de l'entreprise, ni avec ceux du public

Cette stratégie, elle non plus, n'apporte pas de réponse au problème de la crédibilité et elle ne fait rien pour que la « participation » devienne un atout pour l'entreprise.

Recommandation : Je considère que la stratégie 2 est une stratégie aléatoire et, selon toute probabilité, inapte à accomplir ce que souhaitent ceux qui la préconisent.

Stratégie 3 : le modèle du comité consultatif

Institution d'un comité consultatif indépendant habilité à donner publiquement son avis au conseil d'administration en ce qui concerne les conséquences de la politique d'A.T.T.

En conférant à cette instance indépendante le pouvoir de rendre ses conclusions publiques, cette stratégie prouverait la bonne foi de la firme mais, à elle seule, elle est frappée, elle aussi, de lourds handicaps.

Les comités de ce type sont par définition composés de cadres supérieurs ou de notables ayant mandat de collecter et d'analyser des informations, et de rédiger des rapports qui peuvent être publiés ou non.

Cependant, les personnalités qui ont siégé dans des organismes de ce genre sont les premières à reconnaître que, en règle générale, on ne tient pas compte de leurs conclusions. Et même lorsqu'ils bénéficient d'importants crédits de fonctionnement et que leurs membres ont la compétence requise, même quand leurs conclusions reçoivent une large publicité, il est rare que leurs recommandations soient suivies d'effet.

C'est là une faiblesse si bien connue que la désignation ou l'élection d'une commission consultative est souvent considérée comme la preuve que l'entreprise ou l'administration qui l'a créée cherche à fuir ses responsabilités. Le problème de la crédibilité demeure posé dans toute son ampleur.

Recommandation : Pour ces raisons, j'estime que la stratégie 3 est inadéquate.

Je crois, pourtant, qu'il existe pour A.T.T. *un moyen d'adapter le modèle du comité consultatif à ses besoins propres, de mettre en place une instance consultative d'un type entièrement nouveau et d'une originalité telle qu'il renforcera la crédibilité de la compagnie et qui fera plus que produire des rapports éloquents, certes, mais qui restent lettre morte.*

La stratégie 4 indique la route à suivre.

Stratégie 4: le modèle de l'alerte avancée

Création d'un corps de conseillers publics indépendant habilité à publier ses rapports et à financer des expériences en matière de participation du public.

Cette stratégie s'appuie sur deux prémisses.

En premier lieu, les échecs des comités consultatifs conventionnels viennent, d'une part, du fait qu'ils sont des organismes passifs et non pas actifs ; d'autre part, du fait qu'ils ne sont pas en contact permanent, et cela à tous les échelons du système, avec ceux qui auraient à tirer les conséquences pratiques des résultats de leurs enquêtes. Tant qu'il en ira ainsi, le comité consultatif sera virtuellement condamné à l'impuissance.

En second lieu, nous savons fort peu de chose touchant la « participation du public » et nous avons besoin d'en savoir davantage. Il y a une multitude de façons de faire participer le public à la prise de décision, qu'il s'agisse d'entreprises industrielles ou de collectivités locales. Malheureusement, personne ne sait laquelle (ou lesquelles) est (ou sont) la (les) meilleure (s).

Le but de la stratégie 4 est de résoudre ces deux problèmes. Elle présuppose l'existence d'un comité consultatif mais lui assigne une fonction que ses homologues n'ont pas d'ordinaire :

le financement de certains projets. Ceux-ci sont, en fait, des expériences de participation du public sur une échelle limitée.

L'action de cette instance combinera donc le traditionnel et l'innovation :

— Elle donnera périodiquement communication de rapports et de recommandations relatifs à l'action sociale d'A.T.T. et traitant de questions telles que la population, la préservation du milieu, la sécurité publique et la sensibilisation de l'opinion à ces problèmes

— Elle sera une sorte de forum officieux où sera discutée la politique de la communication grâce à des conférences ouvertes à tous, des colloques, peut-être même des jeux et des exercices de simulation, permettant à ceux qui y prendront part de se faire une idée des problèmes que pose la gestion du système de communications de la nation.

— Elle suggérera à la compagnie les orientations à adopter pour ce qui est des problèmes sociaux qui se manifestent, particulièrement (mais pas exclusivement) ceux qui ont des implications sur l'industrie de la communication — le respect de la vie privée, par exemple.

— Elle élaborera et financera diverses expériences de participation à mener non pas au niveau d'A.T.T. mais le plus près possible de la base — au sein des compagnies affiliées.

— Elle évaluera ces expériences, et d'autres, et conseillera la firme en lui indiquant les formes de participation les plus bénéfiques au système de communications national.

De quelles sortes d'expériences s'agira-t-il ?

Comme il a été dit plus haut, il existe des quantités de façons de faire participer le public à la vie de l'entreprise, et ses gestionnaires peuvent beaucoup apprendre de certaines des formes que prendra cette participation.

Examinons quelques exemples de modalités de participation qui méritent d'être testées pour des expérimentations au plan local minutieusement programmées.

1. Les conseils en communications. Ce n'est que récemment que l'exécutif fédéral a compris la nécessité de la création d'une agence directement branchée sur la présidence en matière de communications. L'absence d'administrations comparables dans les grandes zones urbaines n'a donc rien de surprenant. En fait, le manque de liaisons efficaces entre les planificateurs de la firme, d'une part, les responsables des collectivités locales, de l'autre, est l'une des sources des difficultés où se débattent les programmateurs. Il est à noter qu'il n'existe dans la plupart des grandes villes ni agences ni services ayant vocation d'organiser des rencontres régulières dans un climat de cordialité entre les cadres exécutifs de la Bell System, les maires ou leurs représentants, les fonctionnaires municipaux chargés de la planification et les porte-parole des consommateurs.

A.T.T. devrait encourager la constitution de tels conseils de communications à titre expérimental dans des villes de plus ou moins grande taille, et même dans les quartiers — à Watts ou à Bedford Stuyvesant, par exemple.

Dans les communes marquées par la rapidité de l'évolution des moyens de communications, ces conseils pourraient étudier des problèmes tels que l'aplanissement des difficultés d'installation et d'entretien, la lutte contre le vandalisme dont sont l'objet les cabines publiques, le recrutement du personnel et sa formation, etc. Ils pourraient se pencher sur des questions d'intérêt général au niveau de la municipalité : implantation de locaux techniques, calendrier des travaux et des créations de lignes, mobilité de la population, répercussions potentielles des orientations du commerce et de l'industrie locaux sur les besoins en matière de moyens de communications.

Comment seront exactement constitués ces conseils ? Qui y siégerait ? Quelles seraient les limites de leurs compétences ? Ce sont là des questions auxquelles on ne peut répondre de manière dogmatique, faute d'expériences pilotes. Parmi leurs tâches, ces « comités des sages » auraient, entre autres choses, à élaborer des programmes expérimentaux à l'échelle locale et à aider les responsables de terrain de la Bell System à les mettre en œuvre.

2. Les futurs comités d'usagers. Les progrès de la technologie ont diversifié le marché de la communication en faisant surgir des catégories spécifiques d'usagers. Or, plus la société se différencie, plus les percées technologiques se multiplient. Aussi, au lieu d'attendre passivement que se constituent ces nouvelles catégories — ce qui est généralement le résultat d'un regroupement de personnes qui ont des griefs à formuler contre A.T.T. —, il serait judicieux de pousser à la roue pour qu'il s'en crée dans des secteurs encore fragmentaires et balbutiants mais qui sont susceptibles de devenir dans l'avenir les gros bataillons d'usagers. Exemples : l'exploitation des fonds sous-marins et la microbiologie.

En intervenant dans la formation de tels groupes, A.T.T. pourra contribuer à leur donner forme — et à enrichir la matière de ses études prévisionnelles.

Le comité consultatif pourra, de son côté, créer des groupes expérimentaux de ce type et les organiser pour en faire des sources d'informations précieuses pour le travail de planification.

3. Le programme consultants. Les compagnies de téléphone locales pourraient mettre sur pied au niveau du quartier ou de la commune un programme permanent ayant pour objet d'inviter des usagers pris au hasard à se présenter à leurs bureaux en tant que « consultants » rétribués à la vacation. Les personnes ainsi sélectionnées seraient incitées à formuler leurs réclamations et leurs doléances mais on leur demanderait également si et dans quelle mesure elles seraient prêtes à participer aux coûts des innovations en matière d'équipements, si elles accepteraient de nouvelles méthodes de facturation, d'établissement des barèmes, etc. On pourrait également leur demander leur avis sur les problèmes qui se posent à la collectivité, sur les éventuelles transformations de celle-ci, comment elles envisagent pour leur propre part les changements à venir (changements de travail, de résidence, d'éducation, etc.). Au plan du quartier, de tels sondages conforteraient les usagers dans le sentiment que l'on attache du prix à leurs opinions et, en même temps, ils fourniraient des renseignements capitaux aux planificateurs procédant aux études sur les nouvelles installations et les nouveaux centraux, sur les campagnes de marketing et de publicité, sur les problèmes de la réglementation à venir, sur les difficultés à prévoir dans les villes.

4. Les factures-sondages. Une variante du point 3 pourrait être l'utilisation systématique des quittances mensuelles comme instruments de sondage grâce à des questionnaires permettant de mettre en évidence le degré de satisfaction du consommateur, de déterminer ses réactions à l'endroit de telles ou telles innovations envisagees, de prendre note de ses sujets de mécontentement, etc. Les données recueillies, et par le système des consultants et par les factures-sondages, pourraient se révéler utiles non seulement aux planificateurs mais aux représentants de la compagnie dans leurs discussions avec l'administration réglementaire.

5. Le programme de suggestions extérieures. Beaucoup d'usagers croient avoir des idées intéressantes, soit pour améliorer le service du téléphone, soit pour le compléter par de nouveaux services. Que le pourcentage de ces suggestions soit élevé ou non, on pourrait considérer un programme destiné à encourager ceux qui les formulent à les exposer moyennant rémunération.

6. Le programme de feedback collectivité. On pourrait élargir le programme suggestions extérieures en invitant le public à émettre des propositions visant à l'amélioration des services collectifs par opposition aux seuls services téléphoniques. Le bureau local de la compagnie recueillerait ces propositions et les communiquerait aux agences municipales intéressées. Ce programme s'inspirerait de celui mis en œuvre avec succès par beaucoup de stations de radio et d'organes de presse afin d'établir des liens plus étroits avec leur audience.

7. Le programme médiateurs. A.T.T. pourrait étendre la notion de médiateur au secteur parapublic en proposant que soit désigné un médiateur dans certaines circonscriptions téléphoniques. Le financement de ce poste par la participation financière conjointe des compagnies exécutrices et des autorités locales ou d'Etat donnerait sa crédibilité à la fonction médiatrice.

8. Le programme référendum. Quand, dans une collectivité locale, se manifestent des désaccords, par exemple, à propos du site d'implantation d'une unité, les compagnies exécutrices ou même la circonscription pourraient proposer de soumettre à référendum des projets alternatifs après un large débat public. (Des expériences référendaires en ce sens qui font appel à des moyens informatiques, ont d'ores et déjà eu cours à propos de questions touchant à la protection de l'environnement. On présente d'abord à la population des solutions alternatives, puis on lui demande de se prononcer par un vote officieux.)

Chacun de ces programmes, outre qu'il offre aux usagers et à d'autres l'occasion d' « être entendus » par la compagnie, apporte des informations qui, correctement compilées, analysées et mises en forme, sont susceptibles d'aider les managers à prévoir le changement et à prendre des décisions ayant des bases plus solides. De plus, les données collectées de cette manière ressortissent précisément aux sphères sociales, politiques et de valeurs qui font très largement défaut aux services de la planification.

Pour cette raison, la revendication d'une participation généralisée du public doit être considérée, non comme une menace, mais comme un mouvement riche en possibilités.

Les programmes spécifiques que nous suggérons présentent de grandes différences au niveau de leurs coûts, des gains à en tirer, de leurs risques, de leur crédibilité, etc. C'est justement pourquoi il ne conviendrait pas de les mettre en œuvre en grandeur réelle pour l'ensemble de la corporation mais de commencer par les étudier et les tester sur la base d'expériences pilotes limitées. Ce serait au comité consultatif qu'il appartiendrait de concevoir ces expériences, de les financer et de fournir l'assistance technique nécessaire pour les mener à bien afin que ni les compagnies exécutrices ni les subdivisions ne soient les payeurs.

Un comité consultatif annonçant d'entrée de jeu qu'il ne connaît pas toutes les réponses aux questions posées par la participation du public mais s'efforce sérieusement d'en trouver quelques-unes aura beaucoup plus de crédibilité auprès des milieux d'affaires comme aux yeux de la collectivité qu'un organisme qui s'en tient à la langue de bois d'usage. Pareil comité qui se déclarera prêt à mener des expériences en vraie grandeur sera plus respecté, même s'il rencontre des échecs, que la commission traditionnelle proclamant simplement qu'elle « étudiera » le problème.

En même temps, sa collaboration avec les instances et associations locales comme avec les gens de la Bell System à tous les échelons lui apportera une écoute et, en outre, lui conférera un certain sens des réalités.

S'il se vérifie que les problèmes de la responsabilité de la firme et de l'intervention du public deviennent plus pressants au lieu de s'atténuer, la stratégie 4 donnera à A.T.T. la possibilité de faire sur ce plan un travail sérieux, substantiel et créateur.

En l'absence d'un tel comité ou organisme similaire, les problèmes auxquels est ouvertement confrontée la firme sont définis de manière *non démocratique*. Des groupes extrémistes ou dépourvus de toute représentativité ont la liberté de choisir le terrain pour mener la guérilla contre le système téléphonique. L'existence d'un comité démocratiquement élu et d'une indépendance au-dessus de tout soupçon ne mettra pas — et il ne le faudra pas — A.T.T. à l'abri des critiques mais il pourra définir les règles du jeu afin de rendre le débat plus constructif et plus responsable. Il pourra être le véhicule d'une discussion démocratique, vecteur qui, à l'heure qu'il est, n'existe pas.

En résumé, donc, *la stratégie 4 ou modèle d'alerte avancée* offre à A.T.T. :

— un moyen de muscler la planification par le biais de contacts avec les collectivités locales et autres institutions dont la politique affectera de plus en plus l'avenir de la compagnie ;

— un moyen d'édifier les bases d'un mécanisme de collecte d'informations d'un type nouveau qui aidera l'état-major à prendre ou à mettre en œuvre ses décisions en matière de fixation des prix, d'investissements ou d'appels de capitaux ;

— un moyen de déterminer par avance les orientations susceptibles de déclencher des réactions de la part des usagers, organisés ou pas ;

— un moyen de renforcer le moral du personnel, de recouvrer une partie du prestige perdu en raison d'une apparente incapacité à prévoir et à neutraliser les griefs de la clientèle ;

— un moyen d'exercer un leadership national.

Recommandation : Pour ces motifs, je conseille instamment que l'on étudie la stratégie 4 de manière approfondie avant de prendre une décision.

NOTE À PROPOS DE L'INDÉPENDANCE

L'indépendance du comité consultatif est un facteur important, non seulement parce qu'il constitue un instrument de crédibilité essentiel, mais aussi parce qu'il aura toutes les chances de dynamiser la coopération en produisant une information utile à la planification et à la prévision.

Son indépendance pourra être consolidée par des méthodes variées. Nous n'avons pas, ici, à porter d'appréciations sur toutes ces méthodes et nous nous bornerons à en énumérer quelques-unes :

1. Le financement. Le comité devrait avoir l'assurance d'un soutien financier ne dépendant pas totalement d'A.T.T. Parmi les techniques possibles permettant de réaliser cet objectif, citons la donation. Le comité pourra également être habilité à recevoir des fonds d'autres sources sous certaines conditions.

2. La composition. Le comité devra refléter différents groupes d'intérêts. Sa composition et ses méthodes de travail devront être aussi démocratiques que possible mais ne pas laisser le réseau téléphonique, ressource nationale, devenir un ballon de football politique que se disputeraient des groupes dépourvus de toute représentativité.

Les difficultés posées par le choix des membres du comité sont trop complexes pour que ce sujet soit traité dans cette discussion préliminaire. Nous noterons simplement que la méthode de sélection de ses membres est, bien entendu, absolument cruciale pour garantir l'indépendance, l'efficacité et la crédibilité de cet organisme. Il conviendra, avant toute décision, d'explorer systématiquement un large éventail de procédures.

Mais quelles que soient celles qui seront finalement adoptées, je déconseille vivement que les membres du comité consultatif soient en même temps administrateurs ou employés d'A.T.T. ou de ses filiales. Les membres du comité et les personnes qu'il emploiera devront prendre l'engagement de ne pas accepter de signer de contrat de travail avec la Bell System ou toute organisation finançant ledit comité au terme de leur mandat.

3. Publication. Le comité devra avoir le droit de rendre publics les résultats de ses travaux et ses recommandations.

Une grande partie des travaux du comité impliquant des expériences sur le terrain ne sauraient être menés à bien sans le consentement et la coopération d'A.T.T. ou de ses filiales. En ce sens, il ne saurait effectuer correctement sa mission s'il ne bénéficie pas du soutien sans faille de la compagnie. En revanche, sa dignité et le droit reconnu de rendre ses études publiques lui conféreront autorité et indépendance dans certaines limites.

Ainsi se créera un système de garde-fous essentiel à sa crédibilité et à son efficacité. N'étant pas une vulgaire couverture mais, pour une part, un organisme actif dont les membres et le personnel seront en contact permanent avec les gens de la Bell System à tous les niveaux, il sera bien placé pour apprécier les difficultés quotidiennes que pose la gestion du système et comprendre la nécessité d'un dispositif informatif d' « alerte avancée ».

Il ne se considérera pas simplement, on est en droit de l'espérer, comme un « chien de garde » ou un détracteur de la corporation mais comme un allié dans la tâche consistant à pressentir les futurs problèmes, à établir des liens avec les institutions et agences locales, à contribuer à préparer le système de communications de la nation, à faire face à l'accélération du changement.

TABLE

Préface 7

Le musée des dinosaures 11

Première partie : Les préceptes d'hier 33
1. Introduction 35
2. Ce que savait Theodore Vail (1885-1950) 43

Deuxième partie : La déstandardisation 49
3. La politique du téléphone rose (1950-1970) 51
4. Le marché super-industrialiste de la communication . . . 59

Troisième partie : L'escalade de l'innovation 77
5. La stratégie de la surprise 79

Quatrième partie : Les postulats de demain 105
6. Un modèle de super-industrialisme 107
7. Ce que Theodore Vail ne savait pas 117
8. Un objectif temporaire 123

Cinquième partie : La structure de demain 131
9. Les problèmes organisationnels 133

Sixième partie : Projet pour une entreprise super-industrialiste 141
10. Des fonctions modulaires 143
11. Les fonctions cadre 157
12. Epilogue 191

Appendice : Stratégies alternatives pour la participation . . 195

Achevé d'imprimer en décembre 1985
sur presse CAMERON
dans les ateliers de la S.E.P.C.
à Saint-Amand-Montrond (Cher)
pour le compte des éditions Denoël

Dépôt légal : janvier 1986
N° d'Édition : 2202. N° d'Impression : 2675-1743.

Imprimé en France

2202